物語からうまれた刺繡と
ノスタルジックな布小物

浅賀菜緒子

文化出版局

想像すること。
無心になること。
二つの異なる心を一つに繋げてくれたのが刺繍でした。
物語や想像の世界に思いをはせる愉快な時間、
ただひたすらに針を動かす無心の時間、
マーブルケーキのように混ざり合う、心を自由に巡る針の跡。

その跡に導かれ、魅せられ、過ごした時間にうまれた刺繍たちを
1冊の本にまとめました。
これから先、本を手にとってくださった方の布の上へと
この針の跡が、夜空の星のようにつながっていくことが出来るとしたら
この上ない幸せです。

浅賀菜緒子

Contents

Forest

もみの木　4
木ときのことどんぐり　5
小さな森のカケラ　6
寓話の森　8
雪降り積もる森　10
空を羽ばたく鳥の群れ　10
食いしん坊のりす　12
のんびり屋の白熊　13
せっかちな狐　13
白鳥の湖　14
夜の木　15

Flowers

紫陽花　16
花採集　17
クローバー　18
おみなえし　19
色彩の園のパンジー　20
舞い降りる花と蕾　22
淑女の薔薇　23
青い花は夢を見る　24
お行儀の良い赤い花　25
秘密の花園　26
駒鳥　27
秘密の扉を開く金色の鍵　28
秘密の鍵穴　29

Treasure

物語　30
特別な夜の六角形　31
宝石　32
鉱物の反射と屈折　33
王冠　34
三つの王冠　35
猫百態　36
赤いリボンの猫　37
眠れる森の枠飾り　38
眠れる森　39

Stitch the Motif　40-47
Basic Technique　48-55
How to Make　56-95

Forest

もみの木
motif ▶ p.56

木ときのことどんぐり
motif ▶ p.57

小さな森のカケラ
brooch ►p.58

寓話の森
bag ▶ p.59

雪降り積もる森
bag ▶ p.40, 60

空を羽ばたく鳥の群れ
bag ▶ p.61

食いしん坊のりす
motif ▶ p.62

のんびり屋の白熊
せっかちな狐
brooch ▶p.62

白鳥の湖
bag ▶ p.63

夜の木
pin cushion ▸ p.64

Flowers

紫陽花
motif ▶ p.65

花採集
motif ▶ p.65

クローバー
motif ▸ p.67

おみなえし
mini case ▶p.66

色彩の園のパンジー
wappen ▶p.42, 66

Papilionaceen.

d jungen Samen nährt sich die Raupe von Heliothis
dem grünen Laub macht sich im Sommer häufig
bemerklich. Dieselbe entsteht aus 2 oder 3 Blät-
kleinen dunkelbraunen Rö
sammengesponnen und von
phyll aufgezehrt wird. Die

Lupine Wundklee (Anth

auf Wiesen und
en, steinigen Kalkbode
aufsteigenden
lang und sind
zenden Haaren
Blätter sind lang
fiedert, die sitzen-
aarig gefiedert, die
zettlich, das unpaare
als die andern. Die Blüten
stehen in flachen Köpfchen, die von einem finger-
förmig geteilten Deckblatt umhüllt sind. Der
Kelch ist aufgetrieben, die Kronblätter blaßgelb
oder goldgelb, in den Alpen oft
orangerot und purpurrot.

**Die gelbe Lupine
oder Wolfsbohne**
(Lupinus lúteus L.)

Der gemeine Wundklee,
(Anthýllis vulnerária L.)

Eine namentlich in sandigen Gegenden
Norddeutschlands, z. B. in der Mark
Brandenburg angebaute Futterpflanze. Da
dieselbe auch in dem spärlichsten Boden
ihre Nahrung findet, so baut man sie auf
schlechtem Boden an, um denselben für an-
dere Pflanzen fruchtbar zu machen, indem
man sie als Gründüngung unter den Boden
pflügt. Weil sich die Pflanze immer der Sonne zu-
wendet, so dient sie den Feldarbeitern als Uhr. Ihr
30—60 cm hoher Stengel ist, wie überhaupt die ganze
Pflanze mit anliegenden Haaren bedeckt. Die Blätter
sind lang gestielt und fingerförmig. Die 7—9 Blättchen
sind lanzettlich und falten sich des Nachts zusammen,
wobei sie sich erheben, während sich die
zusammengesetzten Blätter anderer Pflan-
zen zum Schlafe senken. Sie verringern

Die gelbe Lupine oder Wolfsbohne
(Lupinus lúteus L.)

durch das
Wärmeaus
Blüten bild
riechen sehr
verwachsen
welche die
als die etw
Rinder,
gebauten A
verzehrt;
Cyniker bek
Volkes begr
Verwa
zierpflanze.

ist eine seh

舞い降りる花と蕾
handkerchief ▶p.69

淑女の薔薇
handkerchief ▶p.69

青い花は夢を見る
motif ▶ p.67

お行儀の良い赤い花
bag ▶p.68

秘密の花園
motif ▸ p.70

駒鳥
motif ▶p.45, 71

秘密の扉を開く金色の鍵
bag ▶ p.71

秘密の鍵穴
bag ▶ p.71

Treasure

物語
motif ▶ p.72

特別な夜の六角形
ornament ►p.73

宝石
motif ▶ p.74

鉱物の反射と屈折
bag ▶ p.74

王冠
bag ▶p.75

三つの王冠
motif ▶p.75

猫百態
motif ▶ p.78

赤いリボンの猫
motif ▶p.72

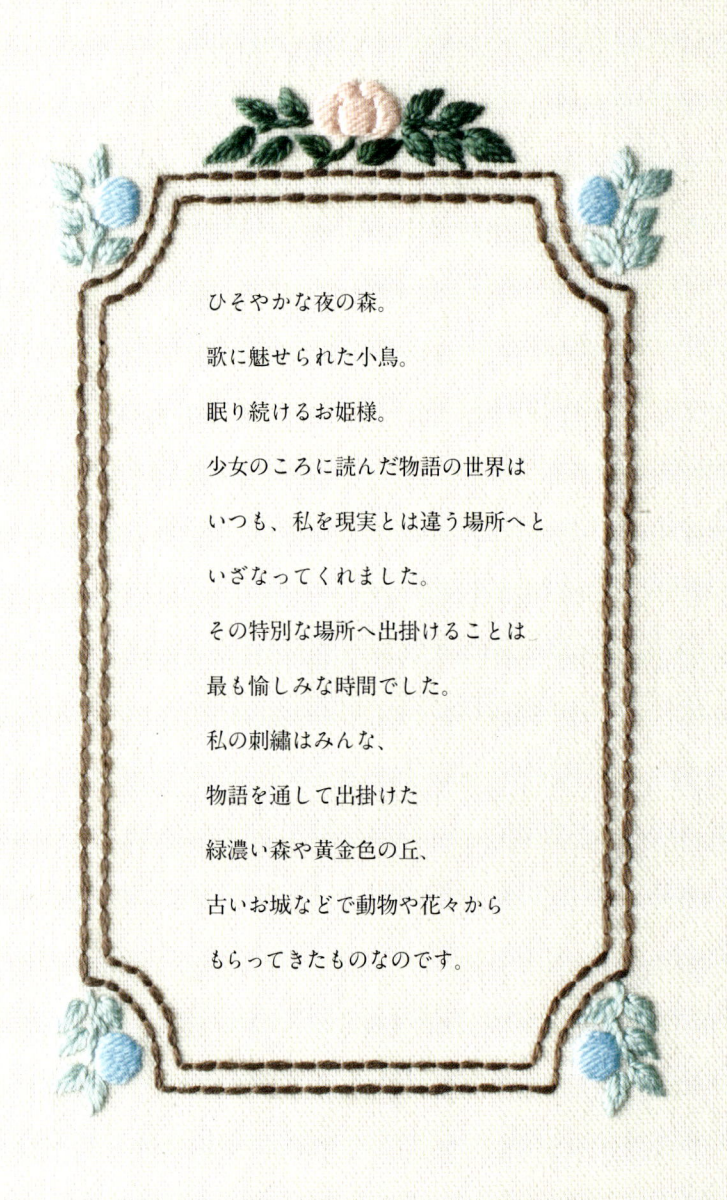

ひそやかな夜の森。
歌に魅せられた小鳥。
眠り続けるお姫様。
少女のころに読んだ物語の世界は
いつも、私を現実とは違う場所へと
いざなってくれました。
その特別な場所へ出掛けることは
最も愉しみな時間でした。
私の刺繡はみんな、
物語を通して出掛けた
緑濃い森や黄金色の丘、
古いお城などで動物や花々から
もらってきたものなのです。

眠れる森の枠飾り
motif ▶ p.76

眠れる森
bag ▶ p.77

Stitch the Motif

この本に掲載した三つのモチーフの刺し方をご紹介します。
作り始める前にBasic Technique (p.48〜55) の項もご覧ください。

★解説の中では、ステッチを「S」と省略しています。
★この本ではすべてDMCの刺繍糸を使用しています。

雪降り積もる森 ▶p.10

ストレートステッチのモチーフ。
図案のラインからステッチがはみ出ないように気をつけて、
ステッチの方向や長さはバランスを見ながら、
自由に刺していきましょう。

★図案はp.60を参照してください。

◆刺繍糸　25番 白(Blanc)
　布　綿(黒)
◆ステッチ　ストレートS(木、3本どり)、
　　　　　　フレンチノットS(雪、3本どり)

★**刺始めと糸始末**
布の表に出した糸端は刺し終わったあとに、布の裏に引き込み、針に通して、裏面のステッチに何度か巻きつけて、糸を切る。

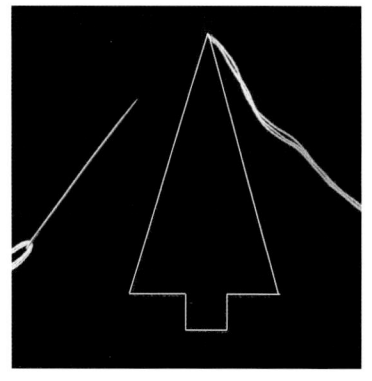

1 図案から少し離れた位置に布の表から針を入れ、図案の頂点から針を出す。

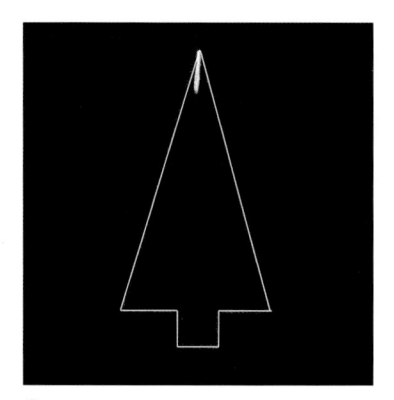

2 図案の中に向けて、ストレートS。

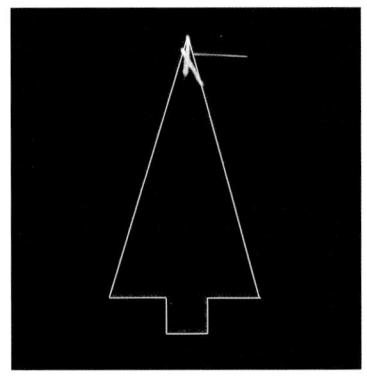

3 今度は図案のラインの端から端へ糸を渡す。

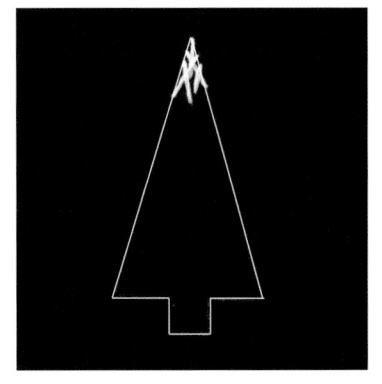

4 少し刺し進んだら、図案の中からラインへ、ラインから中へと刺していく。

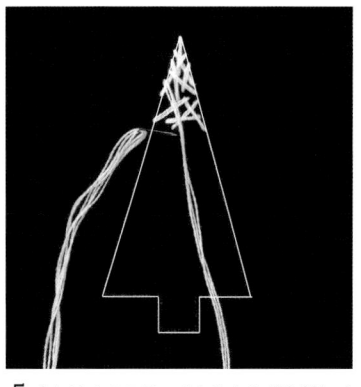

5 少し長めのステッチも入れながら刺していく。

6 図案のラインが直線に見えるように気をつけながら、まんべんなく埋めていく。

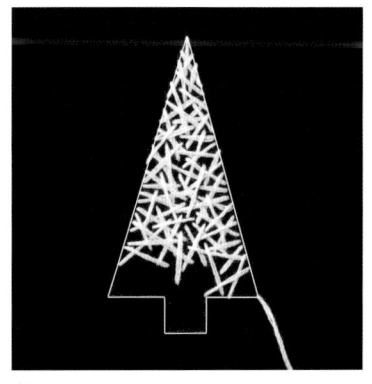

7 図案の角では必ず針を出し、ステッチを刺すことで、きっちりと仕上がる。

8 図案の中へ針を入れる。

9 三角形の下のラインもそろうようにステッチ。

10 木の幹の部分も刺し埋める。

11 フレンチノットS（3回巻き）で雪を刺して出来上り。

色彩の園のパンジー ▶p.20

きれいに仕上げるには、花びらは必ず中心から刺し始め、
ステッチが均等な放射状になるように、
半分ずつ刺していくのがポイントです。

★図案はp.66を参照してください。

- ◆ 刺繍糸　25番 水色(598)-a、アイボリー(ECRU)-b、黒(310)-c、青(3810)-d
  　布　綿(白)
- ◆ ステッチ　ロングアンドショートS(すべて3本どり)、
  　　　　　　フレンチノットS(花心、2本どり)

1 糸aで糸止め(p.55参照)をしてから、下の花びらのラインの中央から針を出す。

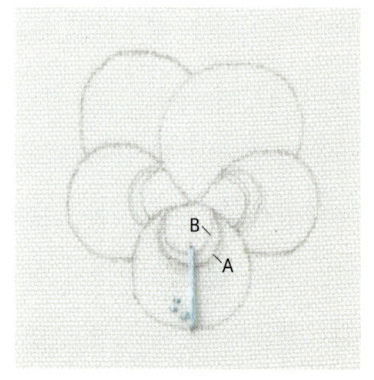

2 針をガイドライン(B)の少し内側へ入れる(ロングS)。

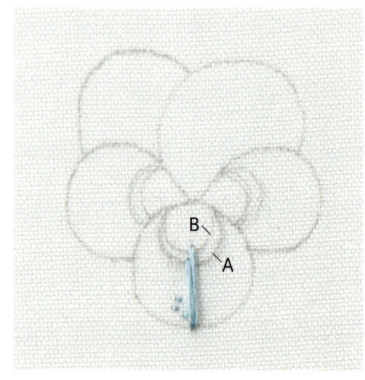

3 1の糸のすぐ横から針を出し、ガイドライン(A)へ入れる(ショートS)。

4 3の糸のすぐ横から針を出し、2の糸のすぐ横に針を入れる(ロングS)。

5 ショートSの上側はロングSの下に隠れた状態になる。続けてステッチを繰り返す。

6 糸が重なりすぎないように、ショートSよりも短めのステッチも時々入れる。

7 最後は自然に図案のラインとステッチが重なるようにすると、きれいに仕上がる。

8 右半分も同様に刺す。

9 右の花びらも中央から刺し始め、上側、下側と進む。

10 花びらの重なっている部分は、下の花びらの縁に沿って針を入れて刺していく。

11 右の花びら(外側の色)の刺し終わり。

12 左側も刺す。糸bに替え、下の花びらのステッチの間から針を出し、1目刺す。

13 ロングアンドショートSを繰り返して左半分を仕上げる。

14 同様に右半分を刺し、右と左の花びらも仕上げる。

15 糸cで下の花びらの中心に1目刺す。

16 ロングアンドショートSを繰り返して下、右、左の花びらの中心を仕上げる。

17 糸dで上右の花びらの図案のラインの中心位置から針を出し、刺し始める。

18 ロングアンドショートSを繰り返して右半分、左半分を刺し、1段めを仕上げる。

19 18のステッチの途中から針を出し、2段めを刺す。

20 3段めを刺す。

21 上左の花びらは2段に分けて刺す。

22 糸bで中心にフレンチノットS(2回巻き)を4〜6個刺して出来上り。

駒鳥 ▶p.27

羽の流れにそって、
細かいロングアンドショートステッチで
刺していきます。
最後の目の刺し方で印象が決まります。

★図案はp.71を参照してください。

✦ 刺繍糸　25番 だいだい(920)-a、黒(310)-b、茶(400)-c、濃茶(898)-d、アイボリー(ECRU)-e、
　　　　　ベージュ(3864)-f、薄グレー(644)-g
　 布　　綿(アイボリー)
✦ ステッチ　ロングアンドショートS(すべて2本どり)、アウトラインS(1本どり)、
　　　　　　ストレートS(1本どり)、コーチングS(2本どり、押さえ1本どり)、
　　　　　　サテンS(くちばし2本どり、目1本どり)

1 糸aで糸止め(p.55参照)をしてから、頭をロングアンドショートSでくちばしの上から刺し始める。

2 1段めを刺す。目の部分は残す。

3 2段めを刺す。

4 3段めを刺す。

5 刺し進んで、頭部分を仕上げる。

6 糸bで羽の輪郭を、短いストレートSを少し重ねながら刺す。

7 糸cで羽の中をロングアンドショートSで刺し始める。

8 輪郭のストレートSにそって刺し進む。

9 羽を仕上げる。

10 糸dで背を、糸aで尾羽をロングアンドショートSで刺す。

11 糸cで尾羽の下に見える右の羽の先端、糸eで白い部分をロングアンドショートSで刺す。

12 糸fで足をコーチングS(芯糸)、足の先をストレートSで刺す。

13 糸bで足を3か所ずつコーチングS(押え糸)で押さえ、足の先をストレートSで刺す。

14 くちばしを糸gでサテンS、輪郭を糸bでストレートS。目は糸bでサテンS、中に糸eでストレートS。

47

Basic Technique

このサンプラーは本の作品に使ったすべてのステッチで刺しています。
それぞれのステッチの方法は p.50〜52 をご覧ください。

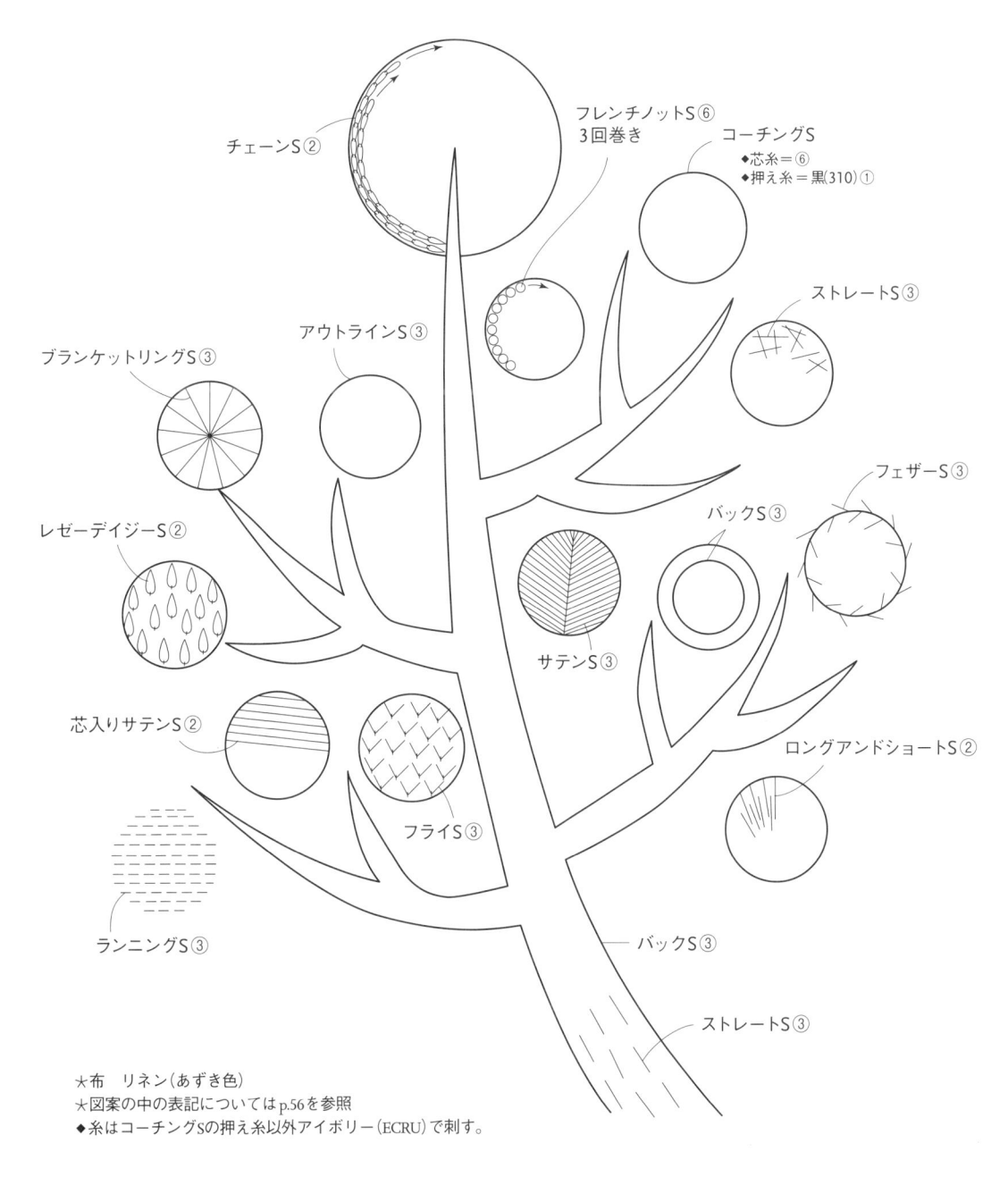

チェーンS②

フレンチノットS⑥
3回巻き

コーチングS
◆芯糸＝⑥
◆押え糸＝黒(310)①

ストレートS③

ブランケットリングS③

アウトラインS③

フェザーS③

レゼーデイジーS②

バックS③

芯入りサテンS②

サテンS③

ロングアンドショートS②

フライS③

ランニングS③

バックS③

ストレートS③

★布　リネン（あずき色）
★図案の中の表記については p.56 を参照
◆糸はコーチングSの押え糸以外アイボリー（ECRU）で刺す。

Stitches

◆ ストレートステッチ

直線を刺す最も基本的なステッチ。さまざまな角度で密に刺し、面を埋めることもできます。

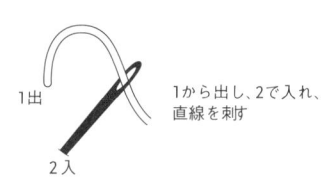

1出 / 2入　1から出し、2で入れ、直線を刺す

◆ ランニングステッチ

図案のラインにそって、一定の幅と間隔で刺すのがポイントです。

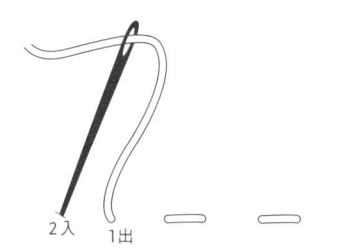

2入　1出

◆ アウトラインステッチ

直線、曲線を描くステッチ。曲線は細かい間隔で刺すと、なめらかに仕上がります。この本では芯入りサテンステッチの最初のステップで輪郭を刺すときにも使っています。

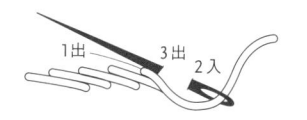

1出　3出　2入

◆ バックステッチ

線刺しに使うステッチ。全返し縫いで隣り合うステッチは同じ針穴に入れるときれいにつながります。

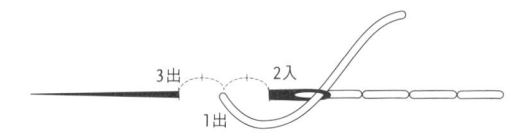

3出　2入　1出

◆ コーチングステッチ

芯糸(指定の本数を並行に並べる)を押えの糸でとめていくステッチ。一定の間隔でとめるときれいに刺せます。直線や曲線を描いたり、うずまき状などにすきまなく刺して面を埋めることもできます。芯糸に対し、押えの糸は常に直角です。

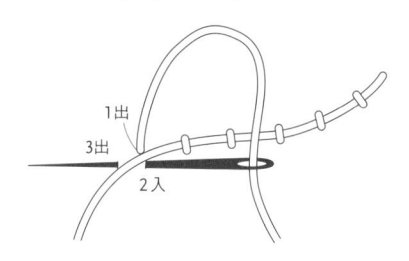

1出　3出　2入

◆ チェーンステッチ

輪郭線を刺したり、すきまなく刺して面を埋めたり、多様に使えるステッチ。糸を強く引きすぎないようにし、チェーンの大きさがそろうように気をつけましょう。

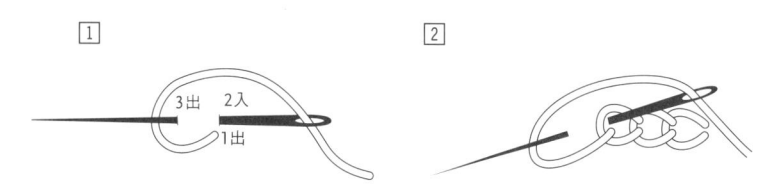

①　3出　2入　1出

②

◆ サテンステッチ

面を埋めるステッチです。針目を平行に並ぶように刺すとサテンのようなつやが出ます。円形(正円や楕円など)の図案の場合は図のように中心から始めて半分を刺し埋めたあと、再び中心から反対側を刺すようにすると、針目が対称にそろい、きれいに仕上がります。そのほかの図案の場合は基本的には図案の端から刺していきます。

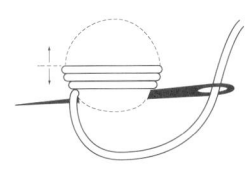

◆ 芯入りサテンステッチ

サテンステッチの応用で、ふっくらと立体感のある仕上りになります。まず、図案の輪郭(図案のラインの少し内側)をアウトラインステッチで刺し、その中は表面のサテンステッチと違う角度のストレートステッチを刺して芯を作り、その上にサテンステッチを刺します。

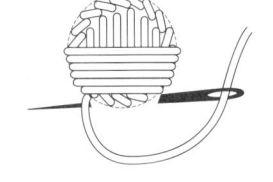

1 アウトラインステッチ 2

ストレートステッチ

◆ フレンチノットステッチ

玉を作るステッチ。刺繍モチーフの立体的なポイントになります。きれいで均一な大きさの玉を作るために以下のこつをおさえて刺してください。

1
2入
1出

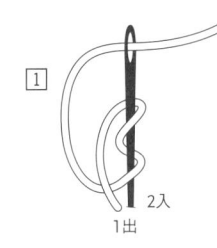

針に糸を指定の回数巻きつけ、布から出ている糸の際に垂直に刺す。同じ針穴に刺すと玉が布裏に抜けてしまうので注意。

2

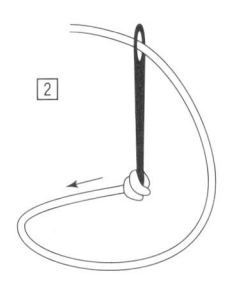

次に巻きつけた糸の大きさを左手で整え、布の真上におろし、玉から出ている糸を矢印の方向に引いて左手で押さえ、針をまっすぐ布裏に引き抜く。

3 出来上り。

◆ ロングアンドショートステッチ

長短のステッチを交互に刺して、面を埋めていきます。動物の毛並みや、花びらなどを表情のある風合いに仕上げることができます。刺す方向、糸足の長さ、刺し重ね方によって、雰囲気が違ってきますので、図案のイメージに合わせて、工夫して刺しましょう。

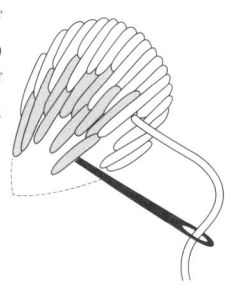

◆ ブランケットリングステッチ

円を描くステッチ。同じ要領で直線状に刺すと、縁とりや、アップリケにも使えます。

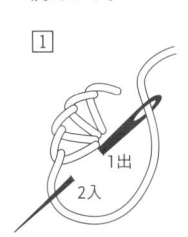

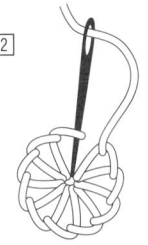

1
1出
2入

2

51

◆ フライステッチ

たるませた糸をステッチでとめてV字形に刺すステッチ。縦に並べて木の枝を表現したり、面を刺し埋めたり、いろいろな表現ができます。糸を強く引きすぎないようにして、形を整えながら刺しましょう。

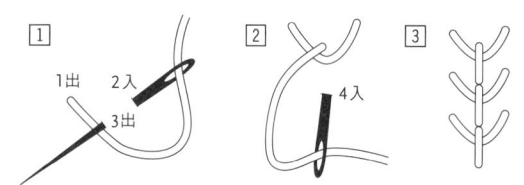

1 2 3
1出 2入
3出
4入

◆ フェザーステッチ

フライステッチと同様のテクニックですが、ステッチでその都度とめずに、連続してステッチを刺していきます。左右1列ずつ交互に糸をかけながら刺していく基本のステッチのほか、列を増やして刺すなど図案によって、さまざまなバリエーションがあります。ステッチの端から端までの横幅が一定になるように気をつけると仕上りがきれいにそろいます。

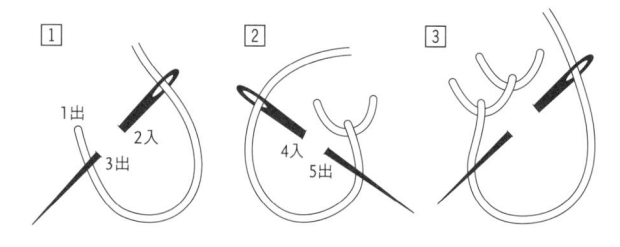

1 2 3
1出 2入
3出
4入
5出

◆ ビーズをとめるステッチ

ビーズを2粒ずつとめつけてから、ビーズとビーズの間をコーチングステッチの要領でとめます。ビーズとビーズの間にできるだけすきまができないように刺しましょう。

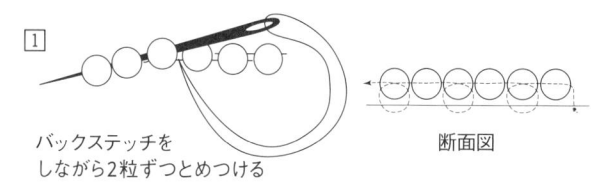

1
バックステッチをしながら2粒ずつとめつける
断面図

◆ レゼーデージーステッチ

輪にした糸をステッチでとめて、葉や花びらの表現に用いることが多いステッチ。糸を引きすぎないように輪を作ることがポイントです。

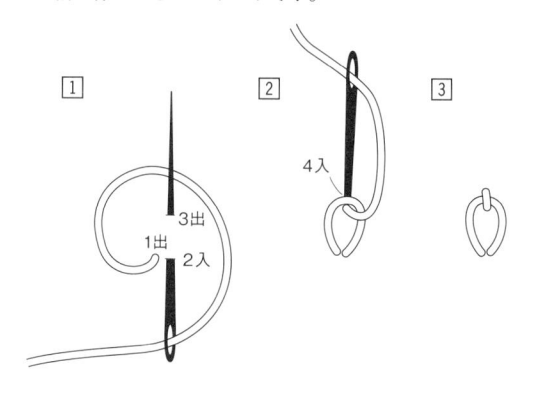

1 2 3
3出
1出 2入
4入

＊バリエーション
p.7 小さな森のカケラ　　p.15 夜の木

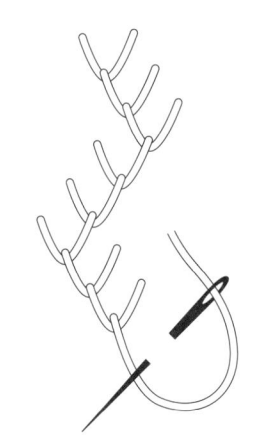

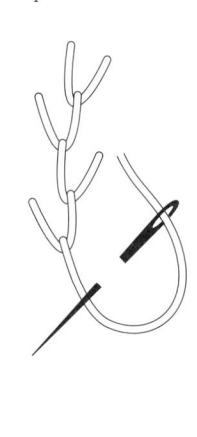

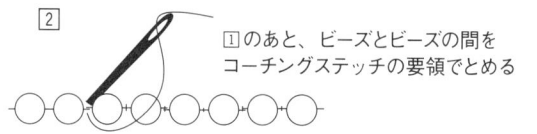

2
①のあと、ビーズとビーズの間をコーチングステッチの要領でとめる

Embroidery Technique

［材料と道具］

◦刺繍糸
この本ではDMCの刺繍糸の綿糸(25番、8番、5番)と、タペストリーウールを使用しています。綿糸は番号が小さくなるほど太くなります。主に使用するのは25番刺繍糸でいちばん細く、6本の糸をゆるく撚り合わせたかせになっているので、作品に応じた本数を引きそろえて使います。8番、5番の糸(綿糸)は「コットンパール」と呼ばれ、つやのある柔らかな風合い、タペストリーウールはマットで柔らかな質感のウールの刺繍糸です。これらの糸は1本どりで使用します。

◦針
この本ではクロバーのフランス刺繍針を使用。糸の太さや本数によって、使う針の太さが違います。25番刺繍糸の1本どりの場合はNo.9、2〜3本どりの場合はNo.7、6本どりの場合はNo.3を使います。針も番号が小さいほど太くなります。25番以外の刺繍糸(1本どりで使う)は、No.3を使用しています。

◦布
目のそろった張りのある布(綿またはリネン)を選びましょう。特に柔らかすぎず、かたすぎず、しなやかな風合いのリネンは刺しやすくおすすめです。また、小さな作品の場合でも刺繍枠にはめられる用尺を準備しましょう。

◦刺繍枠
図案の大きさにもよりますが、図案より少し大きいサイズが刺しやすく、図案の大きさに合わせて、何種類かそろえておくといいでしょう。

［刺繍の準備をする］

刺繍をする前には布地のゆがみを整えるために以下の準備をします。ひと手間かかりますが、この準備が刺繍の仕上がりや、作品に仕立てたときの美しさを左右します。

◦地直しで布目を整える
布の端の横糸と縦糸を1本(端から端まで)引き抜きます。これによって布地の縦横の目がはっきりし、ゆがみを確認、補正することができます。そのあと水に数時間つけ、陰干ししてなま乾きのときにすぐにアイロンをかけて、布目を整えます。アイロンは布の角を直角に整えながら、布目の縦方向、横方向にきっちりとかけましょう(斜めにかけるとゆがみのもとになります)。

◦接着芯をはる
布目を整えたら、ハンカチなど、仕上げで裏が見えるもの以外は、布の裏に接着芯(布地に合わせた厚さのもの)をはります。接着芯をはることで、布がしっかりと安定して刺繍しやすくなります。はり方は、まず布を裏にしてアイロン台に置き、図案の大きさよりもひとまわり大きく切った(バッグの場合、表布と同寸の)接着芯を糊がついている方を下にしてのせます。あて布(またはあて紙)をのせ、霧を吹いて、布に合わせた温度でアイロンをかけます。まず、接着芯の中央に押しあて、いったんアイロンを持ち上げて場所を少しずつずらしながら、押さえるようにして全体にかけていきます。アイロンを布の上ですべらせると、接着芯が伸びたり、しわのもとになるので、注意しましょう。

Embroidery Technique

[図案を写す]

1 図案の上にトレーシングペーパーをあてて鉛筆で写す(ずれないように、マスキングテープなどでまわりをとめると書きやすい)。
2 布を表を上にして置き、その上にチョークペーパー、1のトレーシングペーパー、セロファンの順に重ね、鉄筆かボールペンで図案をなぞって写します。バッグなど作品に仕上げるものは、図案を写す位置に注意しましょう。

[刺繍枠にはめる]

まず、刺繍枠のねじをゆるめて内枠と外枠を別々にします。内枠の上に図案が中央にくるように布を置き、その上から外枠をかぶせます。この時、金具部分はきき手と反対方向、または真上にくるようにすると刺しやすいでしょう。縦横の布目がゆがまないように注意しながら、生地を少しひっぱって張り、ねじをしっかり締めます。

[糸の準備をする]

● 糸のかせをほどく
25番刺繍糸の場合、まず束の上下の紙の帯をはずし、糸の束の輪を手にかけて少しずつ糸の輪をほどきます(ほどいたときの長さ8m)。この糸の束の両端を合わせ、さらにもう2回同様に両端を合わせると8等分になり、わになった両端を切ると、長さ1mになります。これをまとめて、はずした色番号の紙の帯を通しておきます。糸の長さは目安で、自分の使いやすい長さに切ってまとめておいてもかまいません。
8番、5番、タペストリーウールの場合はその都度、必要な長さを引き出して使います。

● 糸を取り出す
25番刺繍糸の場合は1つの束(6本)から必ず1本ずつゆっくり引き出し、指定の本数を引きそろえます。まとめて数本引き出そうとすると、からまるので注意しましょう。必要な本数がそのまま残っていても、必ず、1本ずつ引き出して、あらためて本数を引きそろえます。撚り合わされている糸を離すことで、ふっくらと美しい仕上りの刺繍になります。

● 針に通す
糸通しを使用すると簡単です。

［刺始め］
● 面を埋める刺繡の場合
図案の中に布の裏から表へ針を出し、長さ2〜3mmのストレートステッチを3回刺して糸止めをしてから、刺し始めます。

● そのほかの場合
図案の外に布の表から裏へ針を入れ、糸端は10cmほど残しておきます。刺繡をしたあとに、残しておいた糸を布の裏側に引きこんで、針を通し、ステッチに適宜巻きつけて糸を切ります。

［刺終り］
刺し終わったら、布の裏でステッチに適宜糸を巻きつけて糸を切ります。または面を埋める刺繡の刺始めと同様の方法で、ステッチに隠れる位置に目立たないように糸止めをして糸を切ります。

［美しく刺すには］
＊糸は引きすぎないように。糸をきっちり引きすぎると生地がつれたり、ふっくらした光沢を失います。
＊針は生地に対して直角に刺しましょう。
＊何本か引きそろえて刺す場合は、糸に撚りがかからないように、常に1本ずつ離れている状態にします。ねじれているときはその都度、糸を引き離して整えましょう。糸に撚りがかかると糸どうしがからまって、結び目ができやすくなり、均等なステッチが刺せなくなります。
＊刺し終わったら、布の裏側の余分な糸端はすべて短く切ります。

［仕上げ］
最後にアイロンをかけて整えます。アイロン台の上に清潔で柔らかなタオルなどを敷いておきます。刺繡した布の表面に均一に霧を吹いてからタオルの上にのせ、まず、裏からていねいにアイロンをかけます。次に表側からかけますが、必ず上に当て布をして、刺繡部分をつぶさないようにやさしくかけましょう。

How to Make
図案と刺し方

★図案の輪郭などの太線を布に写して使います。図案の中には必要に応じてステッチのラインや刺す方向を書き入れています。
★図案や型紙は、実物大(一部、縮小したもの)を掲載しています。縮小図の場合は指示どおり拡大して使用してください。
★ステッチの表記は「S」と省略しています。
★刺繍糸はすべてDMCを使用しています。記載のないものは25番です。
　色名のあとの( )は色番号、丸で囲んだ数字は使用する糸の本数をあらわしています(例・②=2本どり)。
　色名は参照の目安におおよそその色を記載しています。糸を購入する際には色番号を基準にしてください。
★バッグ、ブローチなどの作品の作り方は、記載の参照ページをご覧ください。材料の項に接着芯の記載のあるものは、表布全部に接着芯をはり、刺繍をしてから作ってください。

もみの木
motif ▶ p.4

★布　リネン(生成り)

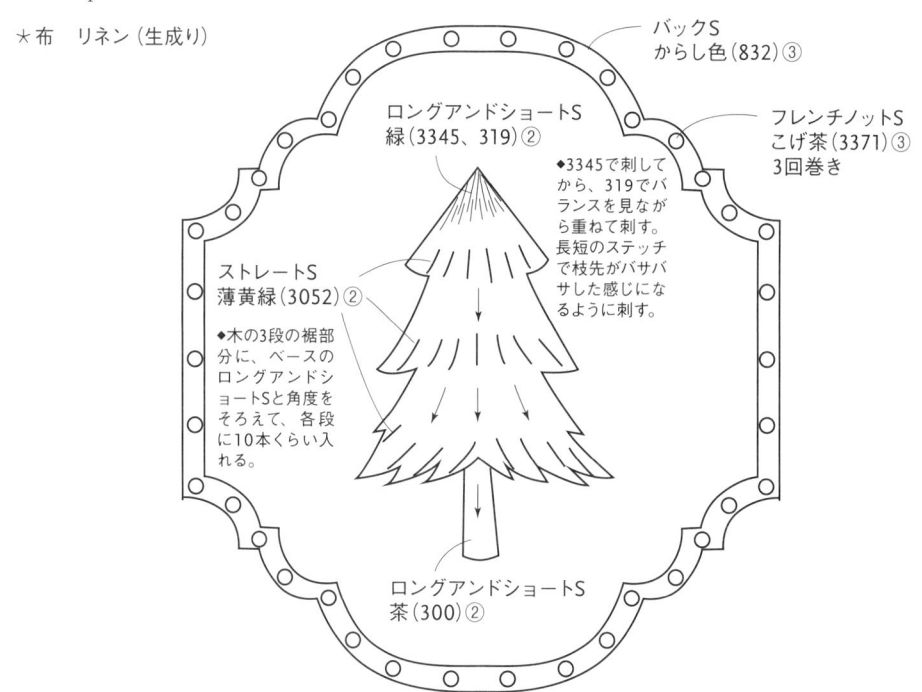

バックS
からし色(832)③

ロングアンドショートS
緑(3345、319)②

フレンチノットS
こげ茶(3371)③
3回巻き

◆3345で刺してから、319でバランスを見ながら重ねて刺す。長短のステッチで枝先がバサバサした感じになるように刺す。

ストレートS
薄黄緑(3052)②

◆木の3段の裾部分に、ベースのロングアンドショートSと角度をそろえて、各段に10本くらい入れる。

ロングアンドショートS
茶(300)②

木ときのことどんぐり

motif ▶ p.5

★布　リネン（生成り）

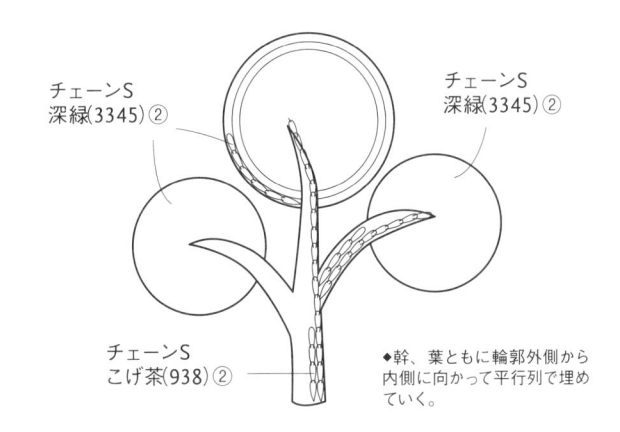

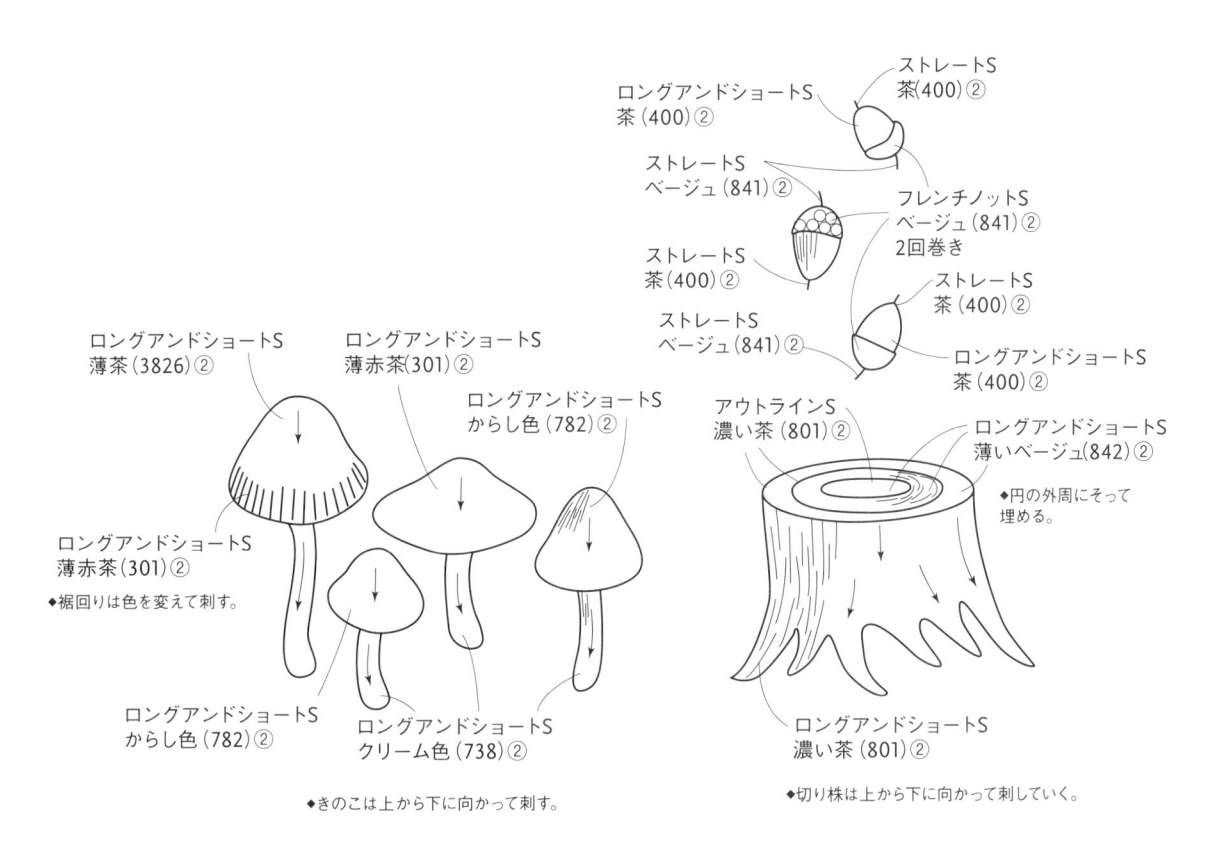

チェーンS
深緑(3345)②

チェーンS
深緑(3345)②

チェーンS
こげ茶(938)②

◆幹、葉ともに輪郭外側から内側に向かって平行列で埋めていく。

ロングアンドショートS
茶(400)②

ストレートS
茶(400)②

ストレートS
ベージュ(841)②

フレンチノットS
ベージュ(841)②
2回巻き

ストレートS
茶(400)②

ストレートS
ベージュ(841)②

ストレートS
茶(400)②

ロングアンドショートS
茶(400)②

ロングアンドショートS
薄茶(3826)②

ロングアンドショートS
薄赤茶(301)②

ロングアンドショートS
からし色(782)②

アウトラインS
濃い茶(801)②

ロングアンドショートS
薄いベージュ(842)②

◆円の外周にそって埋める。

ロングアンドショートS
薄赤茶(301)②

◆裾回りは色を変えて刺す。

ロングアンドショートS
からし色(782)②

ロングアンドショートS
クリーム色(738)②

ロングアンドショートS
濃い茶(801)②

◆きのこは上から下に向かって刺す。

◆切り株は上から下に向かって刺していく。

小さな森のカケラ
brooch ▶ p.6.7

★ ブローチの作り方は p.79 を参照

フライS
ブルーグレーの布　黒茶(3371)・
濃紫の布　金茶(782)③

★布　リネン（ブルーグレー・濃紫）

アウトラインS
アイボリー(ECRU)②

サテンS
アイボリー(ECRU)②

★布　リネン（ブルーグレー）

フレンチノットS
白(BLANC)③
1回巻き

フレンチノットS
白(BLANC)③
2回巻き

フレンチノットS
白(BLANC)③
3回巻き

★布　リネン（青緑・黒）

レゼーデイジーS
アイボリー(ECRU)②

レゼーデイジーS
深緑(3345)②

チェーンS
アイボリー(ECRU)②

チェーンS
深緑(3345)②

★布　リネン（ブルーグレー）

フレンチノットS
濃紫の布　山吹色(782)・
黒の布　金茶(783)③　3回巻き

レゼーデイジーS
からし色(3821)②

チェーンS
からし色(3821)②

★布　リネン（生成り）

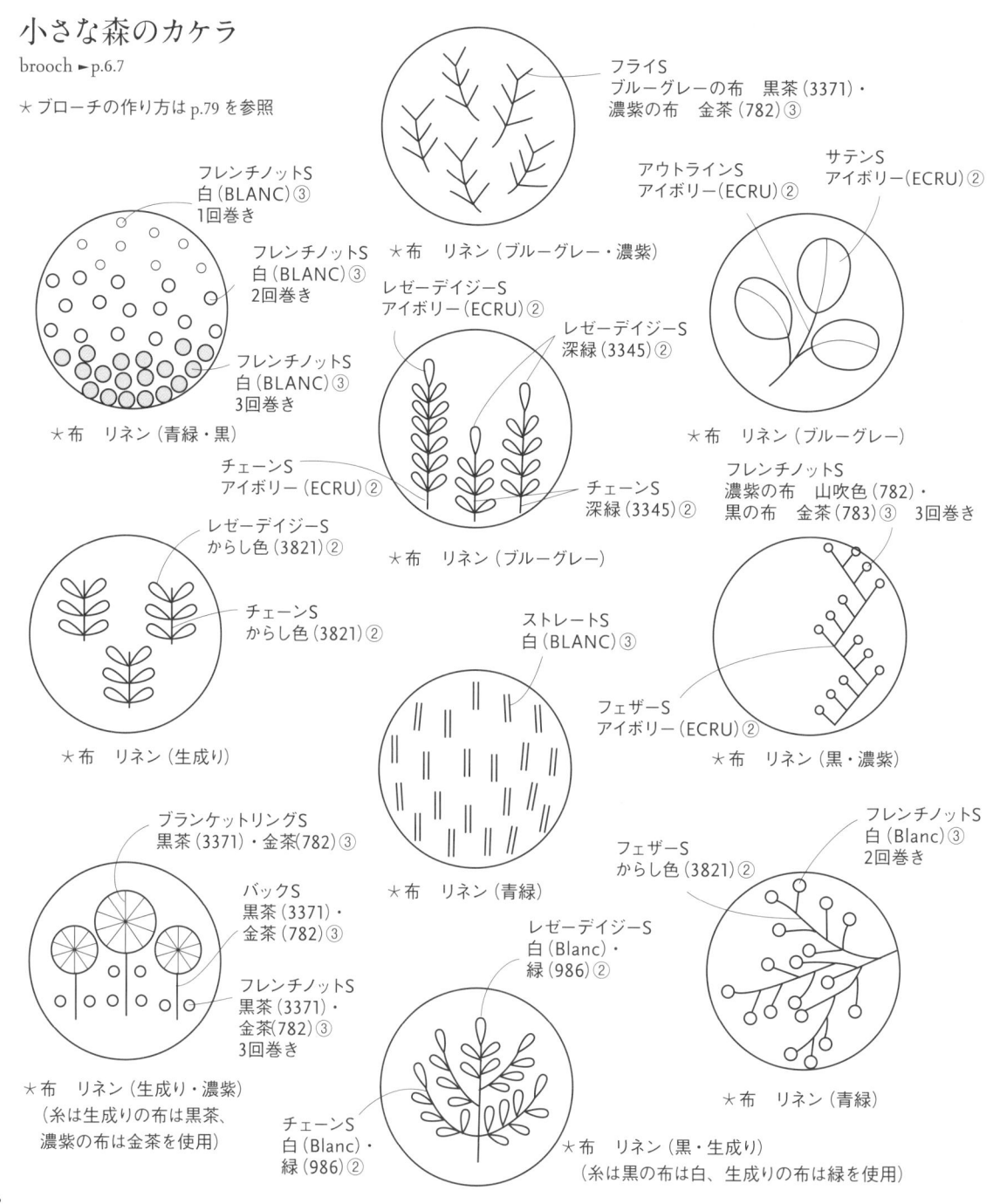

ストレートS
白(BLANC)③

★布　リネン（青緑）

フェザーS
アイボリー(ECRU)②

★布　リネン（黒・濃紫）

ブランケットリングS
黒茶(3371)・金茶(782)③

バックS
黒茶(3371)・
金茶(782)③

フレンチノットS
黒茶(3371)・
金茶(782)③
3回巻き

★布　リネン（生成り・濃紫）
（糸は生成りの布は黒茶、
濃紫の布は金茶を使用）

フェザーS
からし色(3821)②

レゼーデイジーS
白(Blanc)・
緑(986)②

チェーンS
白(Blanc)・
緑(986)②

★布　リネン（黒・生成り）
（糸は黒の布は白、生成りの布は緑を使用）

フレンチノットS
白(Blanc)③
2回巻き

★布　リネン（青緑）

寓話の森
bag ▶ p.8.9

*布 リネン (生成り)
*バッグの作り方は p.84 を参照
*図案は 70％縮小図です。実物大にするには 143％拡大してください。

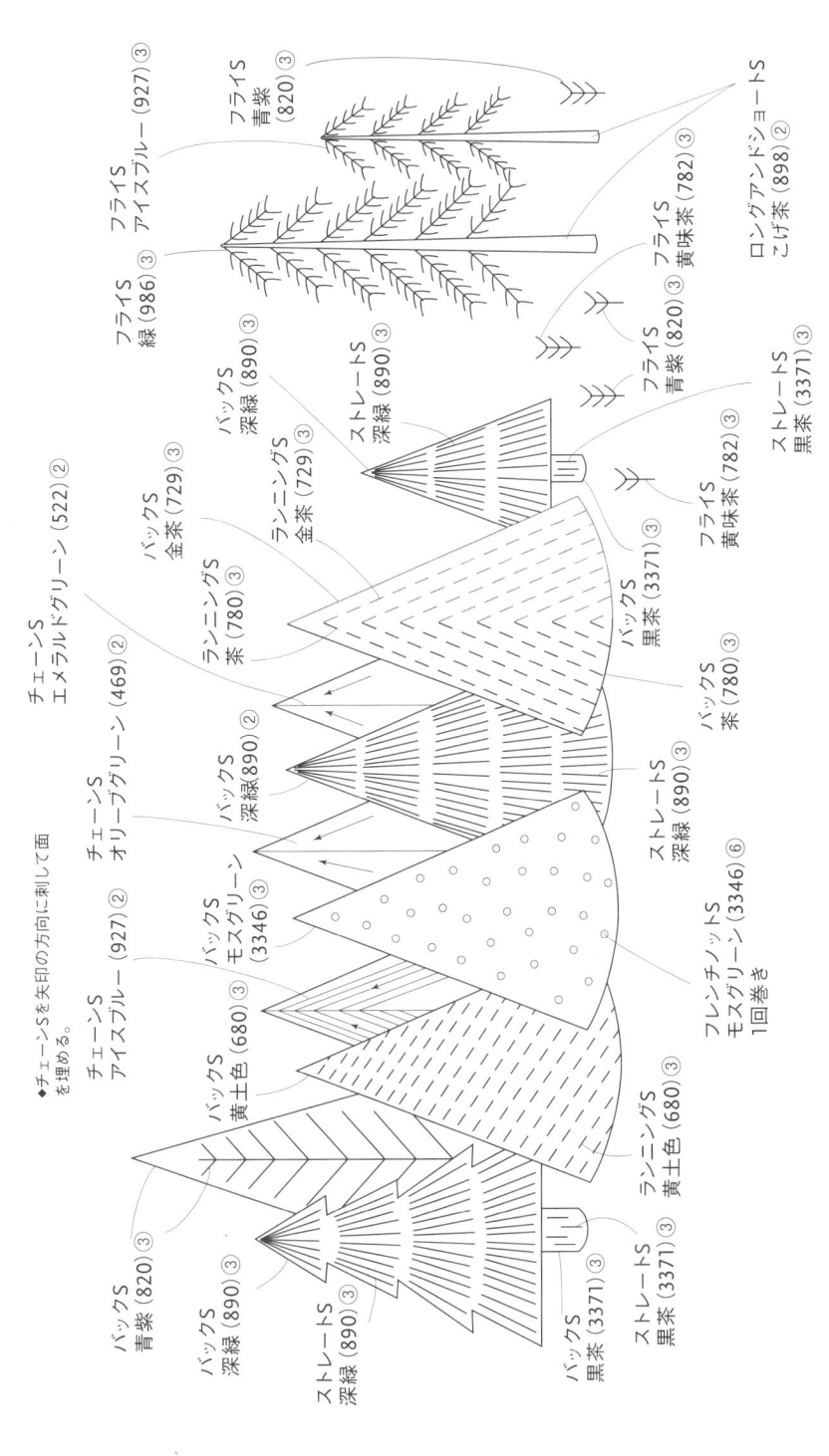

◆チェーンSを矢印の方向に刺して面を埋める。

バックS 青紫 (820) ③
フライS アイスブルー (927) ③
フライS 青紫 (820) ③
フライS 緑 (986) ③
バックS 深緑 (890) ③
ランニングS 金茶 (729) ③
フライS 青紫 (820) ③
フライS 黄味茶 (782) ③
ロングアンドショートS こげ茶 (898) ②
ストレートS 黒茶 (3371) ③
バックS 深緑 (890) ③
ストレートS 深緑 (890) ③
バックS 金茶 (729) ③
ランニングS 茶 (780) ③
バックS 黒茶 (3371) ③
フライS 黄味茶 (782) ③
ストレートS 黒茶 (3371) ③
チェーンS エメラルドグリーン (522) ②
チェーンS オリーブグリーン (469) ②
バックS 深緑 890 ②
バックS 茶 (780) ③
ストレートS 深緑 (890) ③
チェーンS アイスブルー (927) ②
バックS モスグリーン (3346) ③
フレンチノットS モスグリーン (3346) ⑥ 1回巻き
バックS 黄土色 (680) ③
ランニングS 黄土色 (680) ③
ストレートS 黒茶 (3371) ③
バックS 青紫 (820) ③
バックS 深緑 (890) ③
ストレートS 深緑 (890) ③
バックS 黒茶 (3371) ③

59

雪降り積もる森
bag ▶p.10

★布　綿（黒）
★刺し方は p.40 を参照
★バッグの作り方は p.86 を参照

フレンチノットS
白（Blanc）③
3回巻き

ストレートS
白（Blanc）②

◆縦、横、斜めに自由に刺して面を埋める。

空を羽ばたく鳥の群れ
bag ▶ p.10

★布　綿（青緑）
★バッグの作り方は p.86 を参照
★図案は 90％縮小図です。実物大にするには
111％拡大してください。

ストレートS
白（Blanc）②

◆縦、横、斜めに自由に刺して面を埋める。

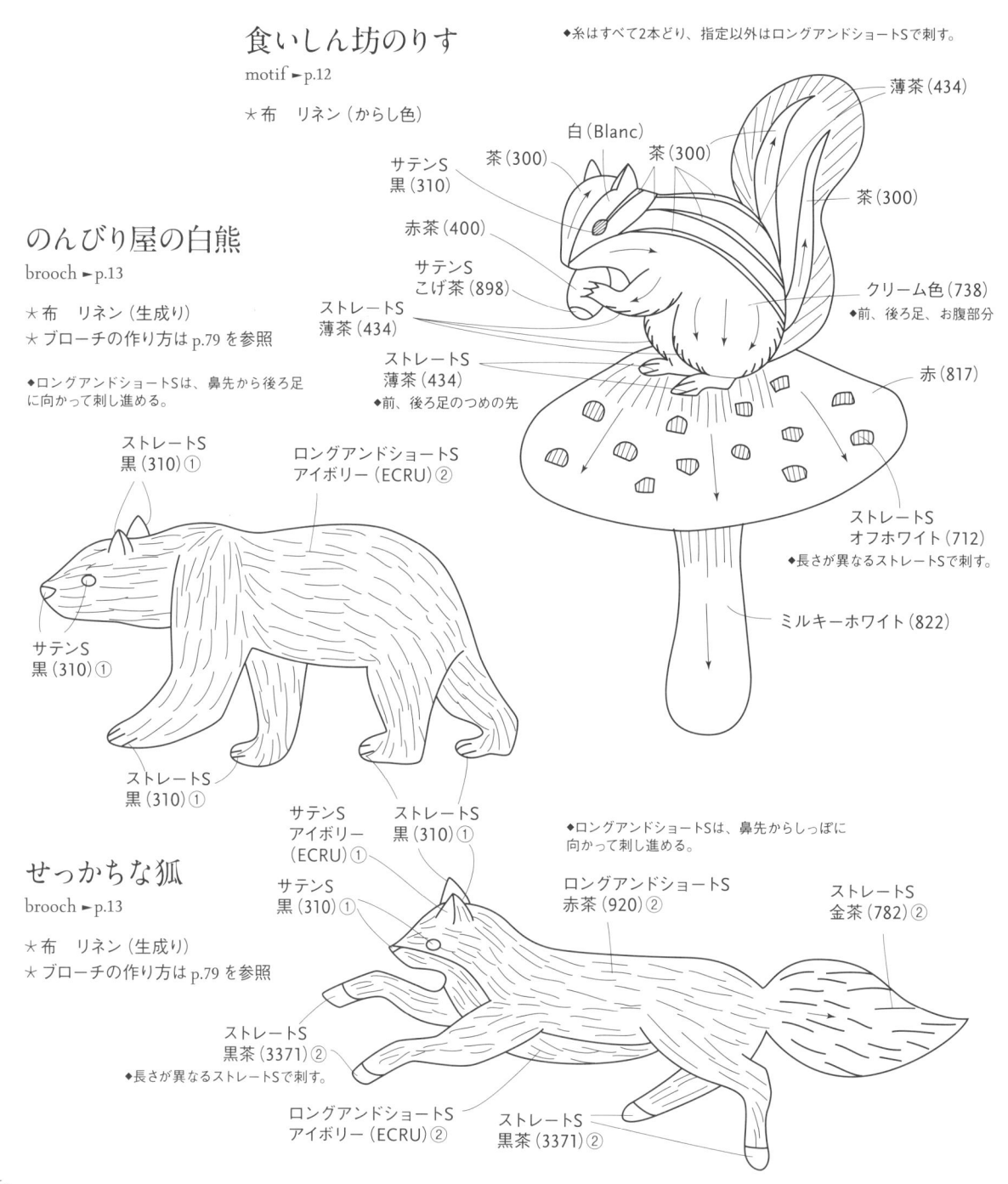

食いしん坊のりす
motif ▶p.12

★布　リネン（からし色）

◆糸はすべて2本どり、指定以外はロングアンドショートSで刺す。

- サテンS　黒(310)
- 茶(300)
- 白(Blanc)
- 茶(300)
- 薄茶(434)
- 茶(300)
- 赤茶(400)
- サテンS　こげ茶(898)
- ストレートS　薄茶(434)
- クリーム色(738) ◆前、後ろ足、お腹部分
- ストレートS　薄茶(434) ◆前、後ろ足のつめの先
- 赤(817)
- ストレートS　オフホワイト(712) ◆長さが異なるストレートSで刺す。
- ミルキーホワイト(822)

のんびり屋の白熊
brooch ▶p.13

★布　リネン（生成り）
★ブローチの作り方はp.79を参照

◆ロングアンドショートSは、鼻先から後ろ足に向かって刺し進める。

- ストレートS　黒(310)①
- ロングアンドショートS　アイボリー(ECRU)②
- サテンS　黒(310)①
- ストレートS　黒(310)①

せっかちな狐
brooch ▶p.13

★布　リネン（生成り）
★ブローチの作り方は p.79を参照

◆ロングアンドショートSは、鼻先からしっぽに向かって刺し進める。

- サテンS　アイボリー(ECRU)①
- ストレートS　黒(310)①
- サテンS　黒(310)①
- ロングアンドショートS　赤茶(920)②
- ストレートS　金茶(782)②
- ストレートS　黒茶(3371)② ◆長さが異なるストレートSで刺す。
- ロングアンドショートS　アイボリー(ECRU)②
- ストレートS　黒茶(3371)②

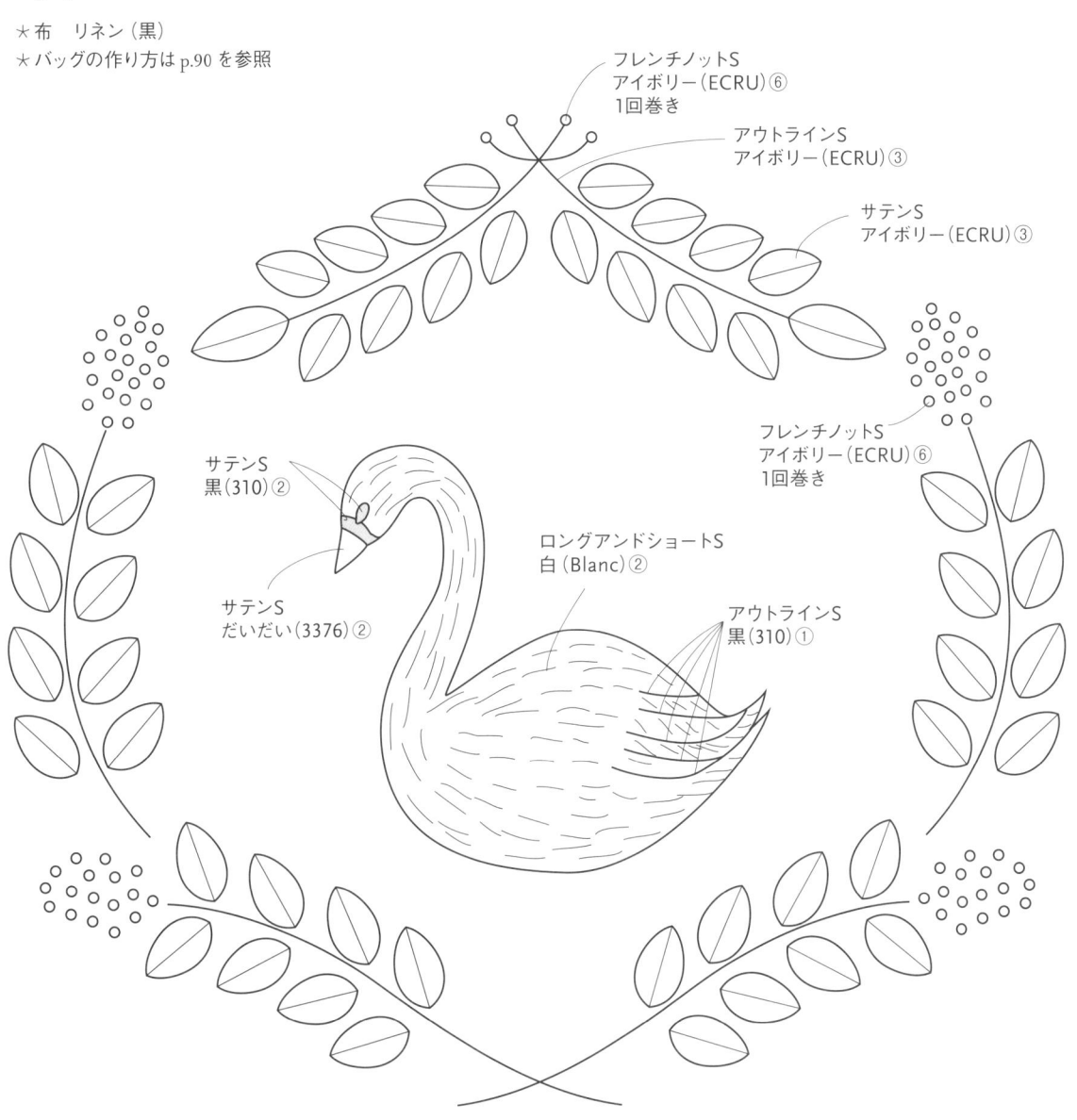

白鳥の湖
bag ▶ p.14

★布　リネン（黒）
★バッグの作り方は p.90 を参照

フレンチノットS
アイボリー（ECRU）⑥
1回巻き

アウトラインS
アイボリー（ECRU）③

サテンS
アイボリー（ECRU）③

フレンチノットS
アイボリー（ECRU）⑥
1回巻き

サテンS
黒（310）②

ロングアンドショートS
白（Blanc）②

アウトラインS
黒（310）①

サテンS
だいだい（3376）②

夜の木
pin cushion ►p.15

★布　綿(黒)
★ピンクッションの作り方はp.82を参照

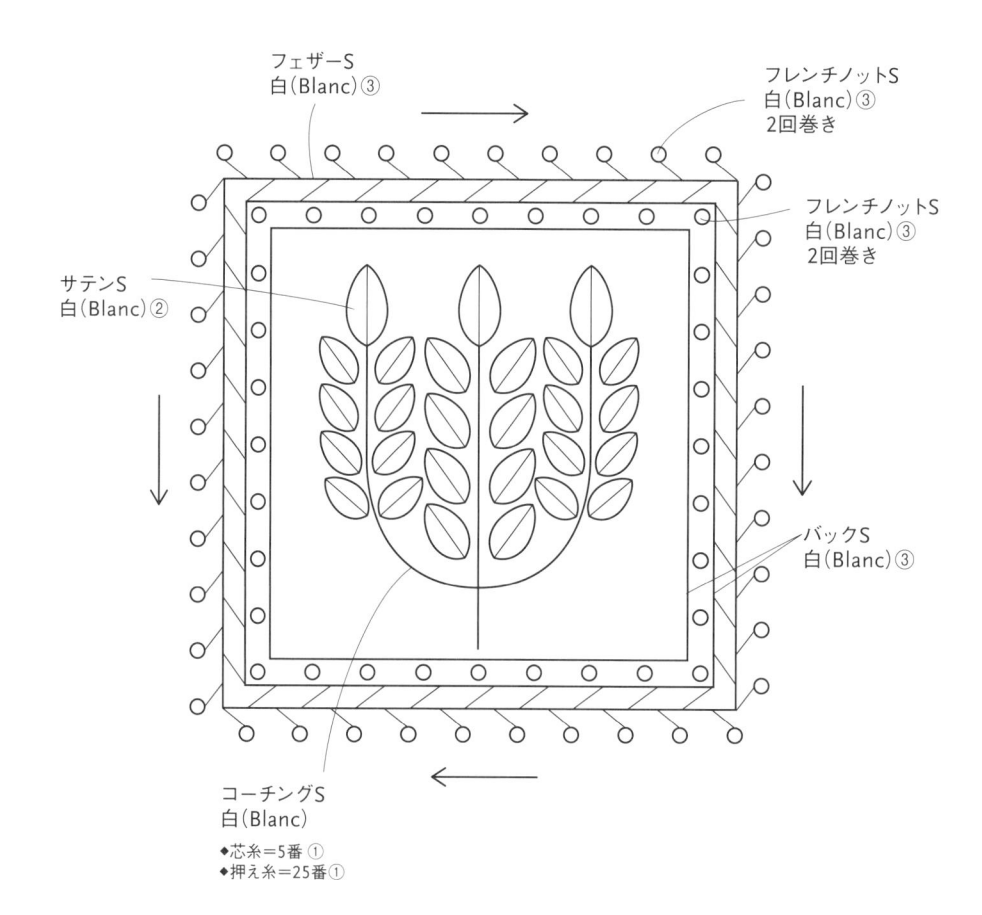

フェザーS
白(Blanc)③

フレンチノットS
白(Blanc)③
2回巻き

フレンチノットS
白(Blanc)③
2回巻き

サテンS
白(Blanc)②

バックS
白(Blanc)③

コーチングS
白(Blanc)
◆芯糸＝5番 ①
◆押え糸＝25番 ①

紫陽花
motif ▶p.16

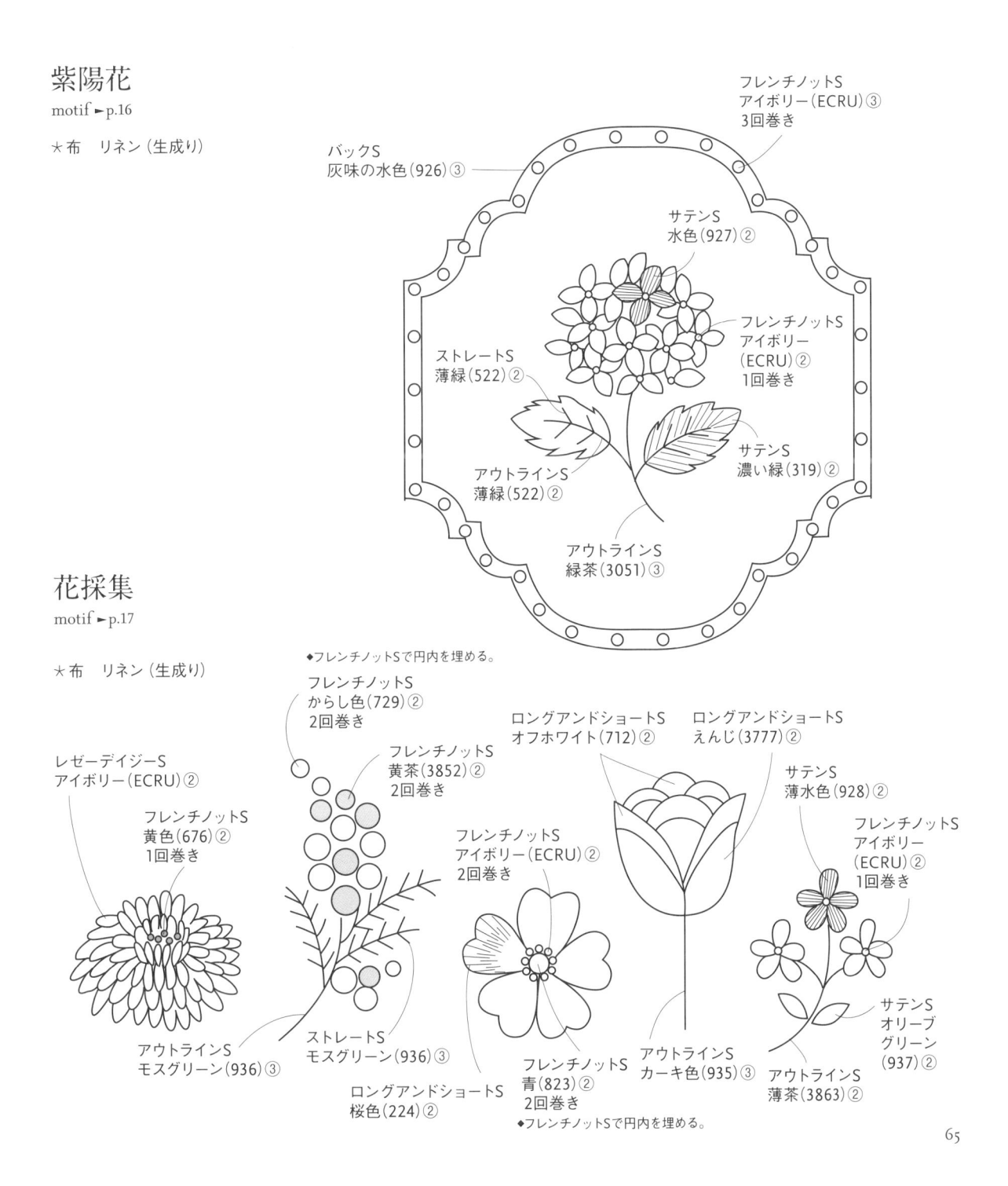

★布　リネン（生成り）

- バックS　灰味の水色(926)③
- フレンチノットS　アイボリー(ECRU)③　3回巻き
- サテンS　水色(927)②
- フレンチノットS　アイボリー(ECRU)②　1回巻き
- ストレートS　薄緑(522)②
- アウトラインS　薄緑(522)②
- サテンS　濃い緑(319)②
- アウトラインS　緑茶(3051)③

花採集
motif ▶p.17

★布　リネン（生成り）

- レゼーデイジーS　アイボリー(ECRU)②
- フレンチノットS　黄色(676)②　1回巻き
- ◆フレンチノットSで円内を埋める。
- フレンチノットS　からし色(729)②　2回巻き
- フレンチノットS　黄茶(3852)②　2回巻き
- フレンチノットS　アイボリー(ECRU)②　2回巻き
- ロングアンドショートS　オフホワイト(712)②
- ロングアンドショートS　えんじ(3777)②
- サテンS　薄水色(928)②
- フレンチノットS　アイボリー(ECRU)②　1回巻き
- アウトラインS　モスグリーン(936)③
- ストレートS　モスグリーン(936)③
- ロングアンドショートS　桜色(224)②
- フレンチノットS　青(823)②　2回巻き
- ◆フレンチノットSで円内を埋める。
- アウトラインS　カーキ色(935)③
- アウトラインS　薄茶(3863)②
- サテンS　オリーブグリーン(937)②

65

おみなえし
mini case ▶p.19

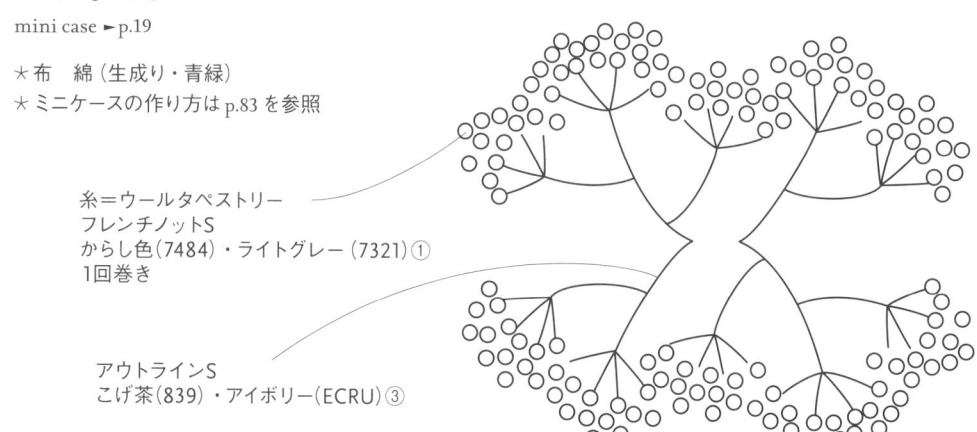

★布　綿（生成り・青緑）
★ミニケースの作り方はp.83を参照

糸＝ウールタペストリー
フレンチノットS
からし色（7484）・ライトグレー（7321）①
1回巻き

アウトラインS
こげ茶（839）・アイボリー（ECRU）③

色彩の園のパンジー
wappen ▶p.20

★布　綿（白）
★刺し方はp.42を参照
★ワッペンの作り方はp.80を参照

◆花びら部分はすべてロングアンドショートS③、
　花の中央はフレンチノットS② 2回巻きで刺す。

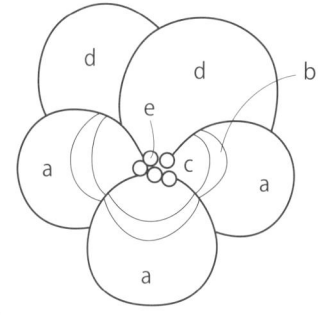

[水色]
a＝水色（598）、b＝アイボリー（ECRU）、c＝黒
（310）、d＝青（3810）、e＝アイボリー（ECRU）

[薄紫]
a＝淡紫（3743）、b・c＝紫（3041）、d＝薄紫（3042）、
e＝アイボリー（ECRU）

[茶]
a＝茶（221）、b＝生成り（739）、c＝黒（310）、
d＝赤茶（918）、e＝アイボリー（ECRU）

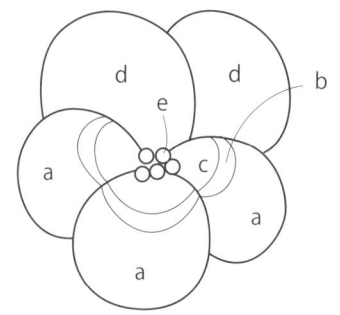

[青]
a＝アイボリー（ECRU）、b＝コバルトブルー（820）、
c＝からし色（3852）、d＝コバルトブルー（820）、
e＝アイボリー（ECRU）

[黄色]
a＝薄黄（3821）、b＝黒（310）、c＝アイボリー（ECRU）、
d＝からし色（3852）、e＝生成り（739）

[紫]
a＝アイボリー（ECRU）、b＝紫（154）、c＝山吹色
（3820）、d＝紫（154）、e＝アイボリー（ECRU）

クローバー

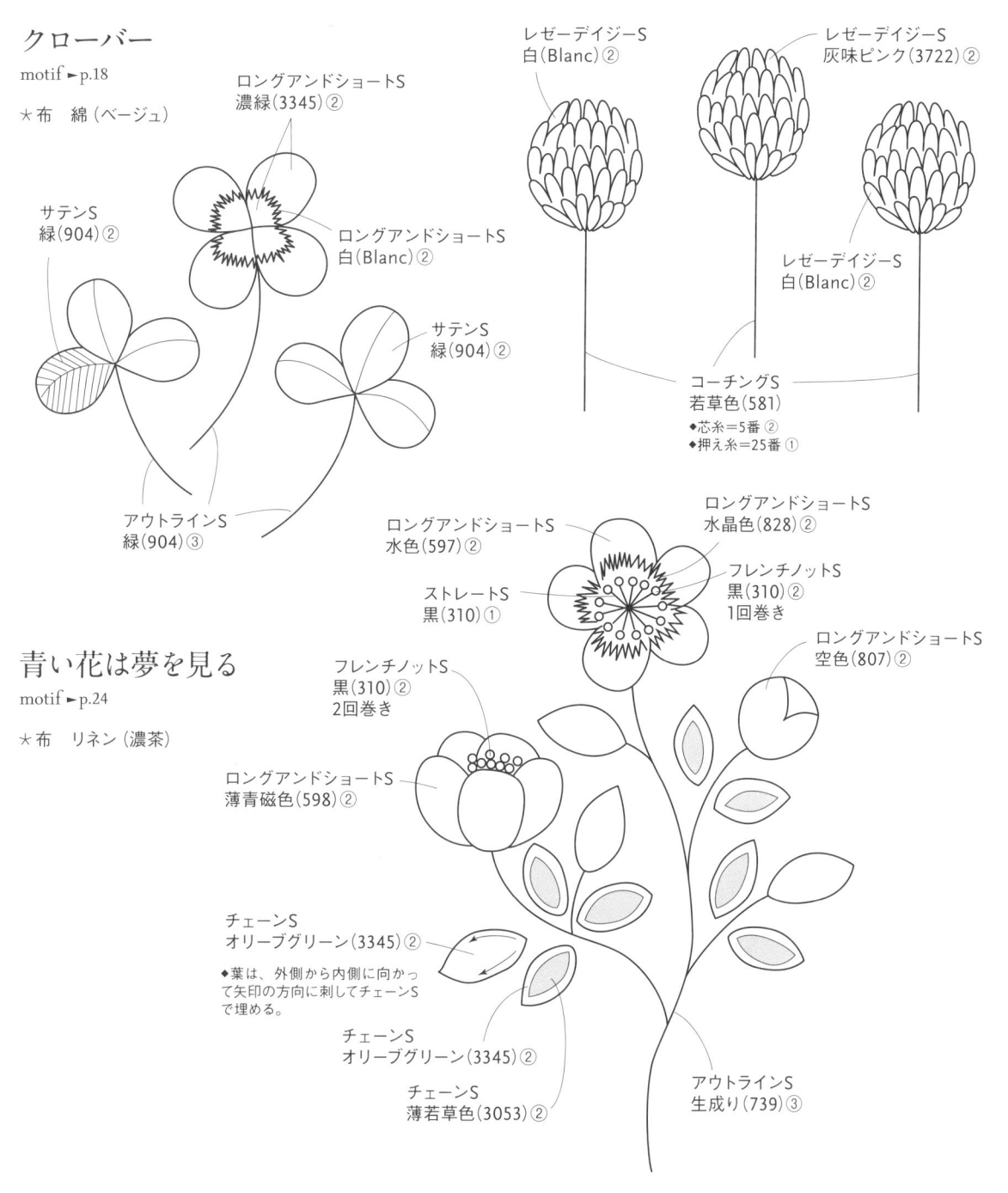

motif ▶ p.18

★布　綿（ベージュ）

- ロングアンドショートS　濃緑(3345)②
- ロングアンドショートS　白(Blanc)②
- サテンS　緑(904)②
- サテンS　緑(904)②
- アウトラインS　緑(904)③

- レゼーデイジーS　白(Blanc)②
- レゼーデイジーS　灰味ピンク(3722)②
- レゼーデイジーS　白(Blanc)②
- コーチングS　若草色(581)
  - ◆芯糸＝5番②
  - ◆押え糸＝25番①

青い花は夢を見る

motif ▶ p.24

★布　リネン（濃茶）

- ロングアンドショートS　水色(597)②
- ロングアンドショートS　水晶色(828)②
- ストレートS　黒(310)①
- フレンチノットS　黒(310)②　1回巻き
- フレンチノットS　黒(310)②　2回巻き
- ロングアンドショートS　薄青磁色(598)②
- ロングアンドショートS　空色(807)②
- チェーンS　オリーブグリーン(3345)②

◆葉は、外側から内側に向かって矢印の方向に刺してチェーンSで埋める。

- チェーンS　オリーブグリーン(3345)②
- チェーンS　薄若草色(3053)②
- アウトラインS　生成り(739)③

お行儀の良い赤い花
bag ► p.25

★布　綿（濃茶）
★バッグの作り方は p.88 を参照

- ロングアンドショートS　赤(817)③
- チェーンS　からし色(782)②
- チェーンS　薄黄(422)②
- フレンチノットS　アイボリー(ECRU)③　3回巻き
- ◆葉は、外側から内側に向かって矢印の方向に刺してチェーンSで埋める。
- コーチングS　ベージュ(841)
  - ◆芯糸＝5番 ②
  - ◆押え糸＝25番 ①
- チェーンS　からし色(782)②

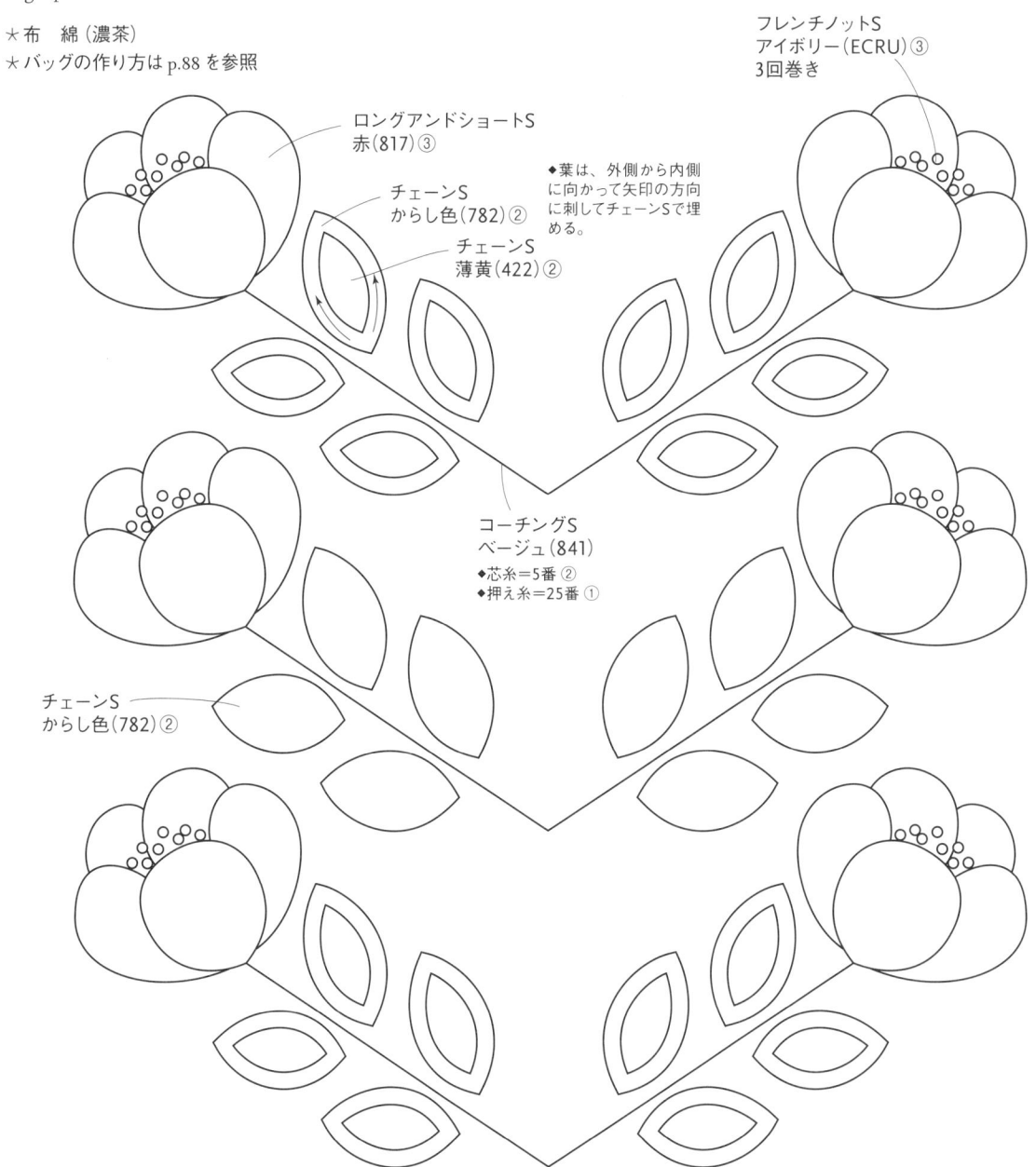

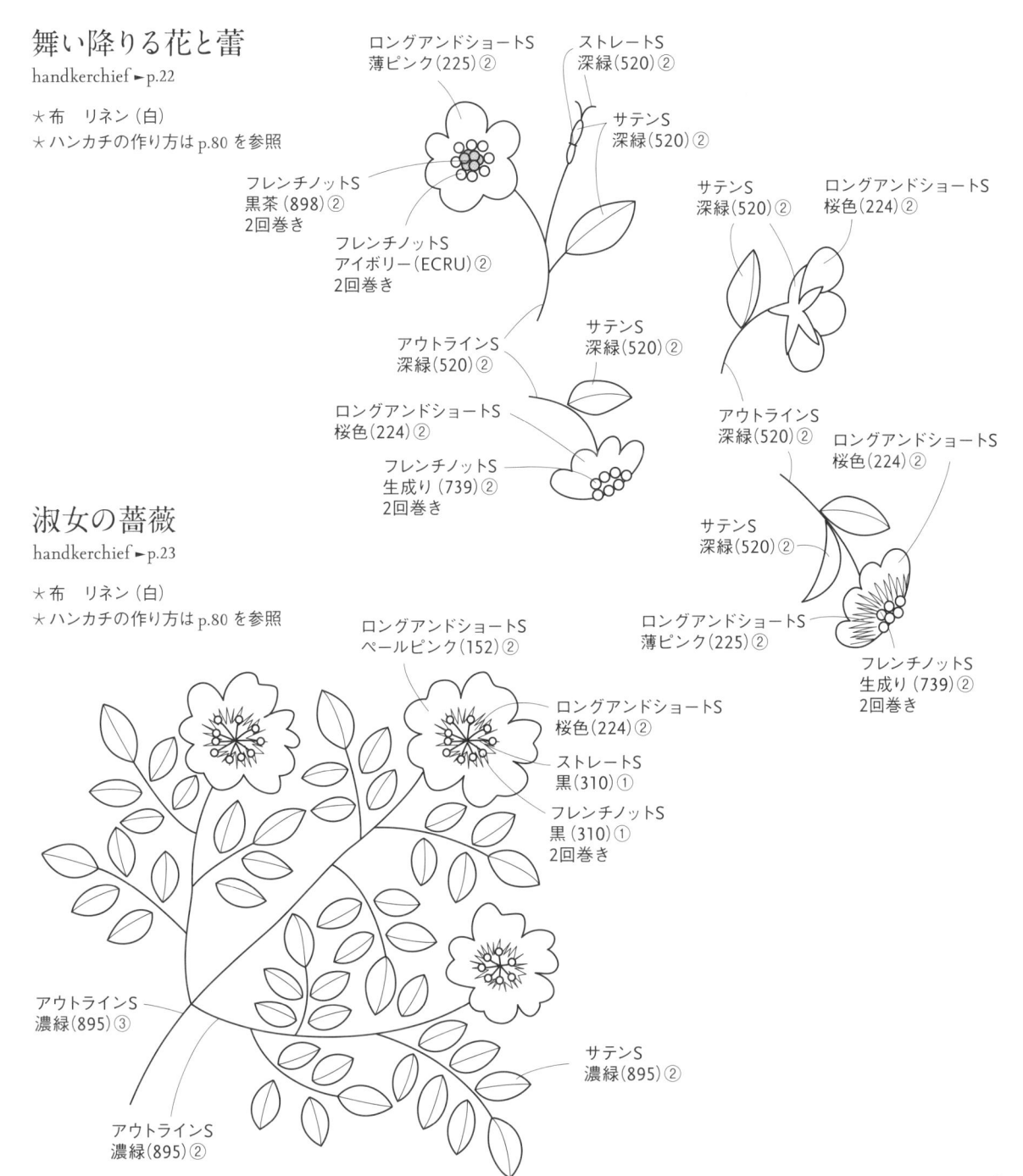

舞い降りる花と蕾
handkerchief ►p.22

★布　リネン（白）
★ハンカチの作り方は p.80 を参照

- ロングアンドショートS　薄ピンク(225)②
- ストレートS　深緑(520)②
- サテンS　深緑(520)②
- フレンチノットS　黒茶(898)② 2回巻き
- フレンチノットS　アイボリー(ECRU)② 2回巻き
- サテンS　深緑(520)②
- ロングアンドショートS　桜色(224)②
- アウトラインS　深緑(520)②
- サテンS　深緑(520)②
- ロングアンドショートS　桜色(224)②
- フレンチノットS　生成り(739)② 2回巻き
- アウトラインS　深緑(520)②
- ロングアンドショートS　桜色(224)②
- サテンS　深緑(520)②
- ロングアンドショートS　薄ピンク(225)②
- フレンチノットS　生成り(739)② 2回巻き

淑女の薔薇
handkerchief ►p.23

★布　リネン（白）
★ハンカチの作り方は p.80 を参照

- ロングアンドショートS　ペールピンク(152)②
- ロングアンドショートS　桜色(224)②
- ストレートS　黒(310)①
- フレンチノットS　黒(310)① 2回巻き
- アウトラインS　濃緑(895)③
- サテンS　濃緑(895)②
- アウトラインS　濃緑(895)②

秘密の花園
motif ► p.26

★布　リネン（生成り）

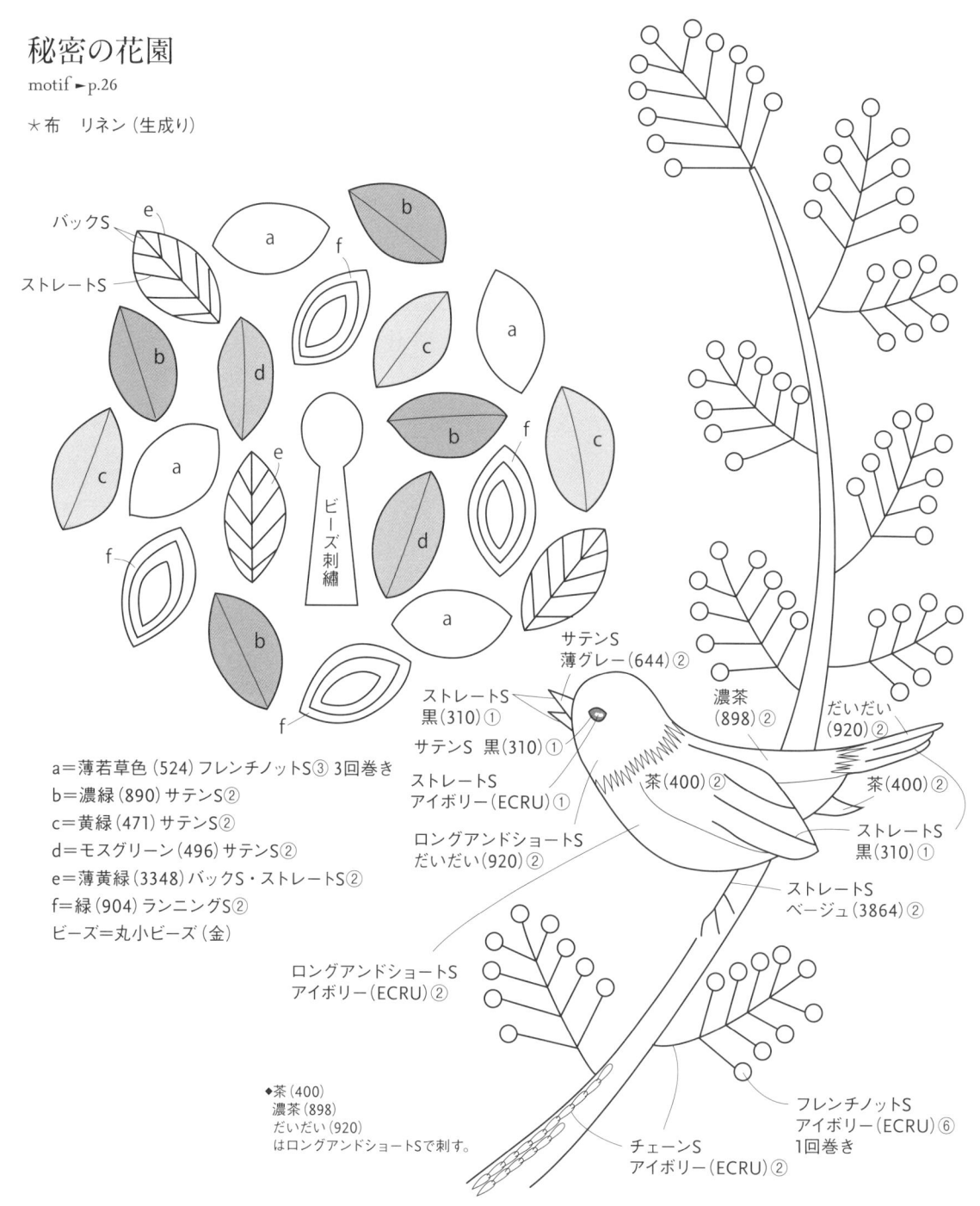

バックS
ストレートS

サテンS
薄グレー(644)②

ストレートS
黒(310)①

サテンS　黒(310)①

ストレートS
アイボリー(ECRU)①

ロングアンドショートS
だいだい(920)②

濃茶(898)②

だいだい(920)②

茶(400)②

ストレートS
黒(310)①

ストレートS
ベージュ(3864)②

ビーズ刺繍

a＝薄若草色 (524) フレンチノットS③ 3回巻き
b＝濃緑 (890) サテンS②
c＝黄緑 (471) サテンS②
d＝モスグリーン (496) サテンS②
e＝薄黄緑 (3348) バックS・ストレートS②
f＝緑 (904) ランニングS②
ビーズ＝丸小ビーズ（金）

ロングアンドショートS
アイボリー(ECRU)②

◆茶(400)
濃茶(898)
だいだい(920)
はロングアンドショートSで刺す。

チェーンS
アイボリー(ECRU)②

フレンチノットS
アイボリー(ECRU)⑥
1回巻き

駒鳥

motif ▶p.27

★布　リネン（生成り）
★刺し方は p.45 を参照

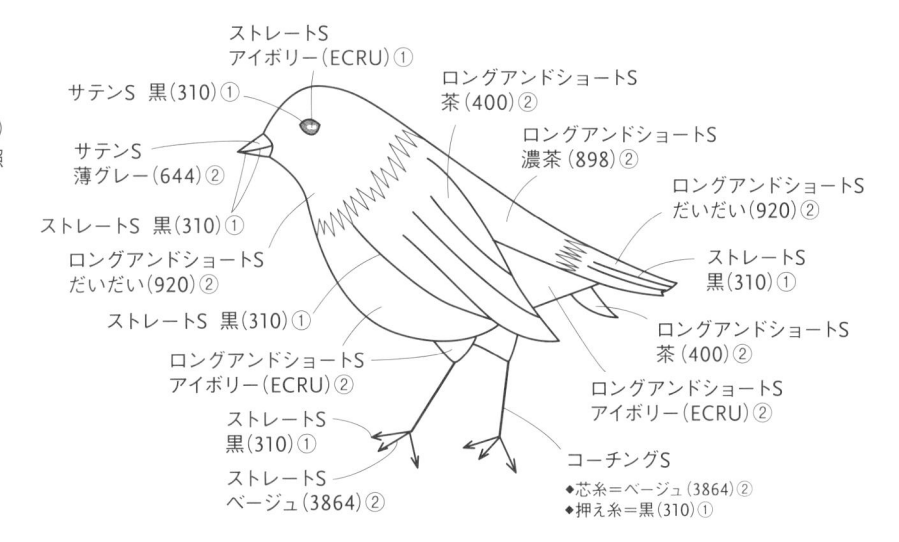

- ストレートS　アイボリー（ECRU）①
- サテンS　黒（310）①
- サテンS　薄グレー（644）②
- ストレートS　黒（310）①
- ロングアンドショートS　だいだい（920）②
- ストレートS　黒（310）①
- ロングアンドショートS　アイボリー（ECRU）②
- ストレートS　黒（310）①
- ストレートS　ベージュ（3864）②
- ロングアンドショートS　茶（400）②
- ロングアンドショートS　濃茶（898）②
- ロングアンドショートS　だいだい（920）②
- ストレートS　黒（310）①
- ロングアンドショートS　茶（400）②
- ロングアンドショートS　アイボリー（ECRU）②
- コーチングS
  - ◆芯糸＝ベージュ（3864）②
  - ◆押え糸＝黒（310）①

秘密の扉を開く金色の鍵

bag ▶p.28

★布　リネン（生成り）
★バッグの作り方は p.92 を参照

- 芯入りサテンS　金茶（3820）②
- 芯入りサテンS　金茶（3820）②

秘密の鍵穴

bag ▶p.29

★布　リネン（生成り）
★バッグの作り方は p.92 を参照

◆図案、ステッチ、色はすべて秘密の花園と同じ。

物語
motif ▶ p.30

★布　リネン（生成り）

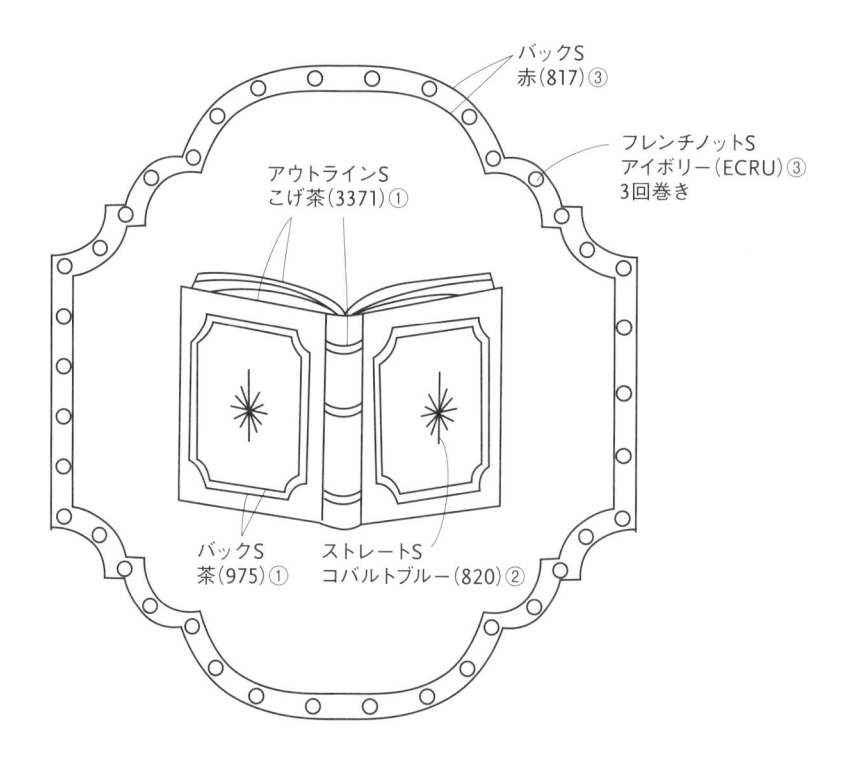

バックS
赤(817)③

フレンチノットS
アイボリー（ECRU）③
3回巻き

アウトラインS
こげ茶(3371)①

バックS
茶(975)①

ストレートS
コバルトブルー(820)②

赤いリボンの猫
motif ▶ p.37

★布　リネン（生成り）

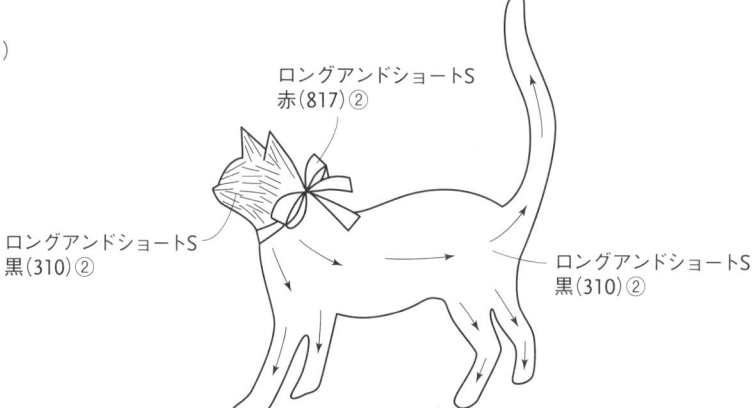

ロングアンドショートS
赤(817)②

ロングアンドショートS
黒(310)②

ロングアンドショートS
黒(310)②

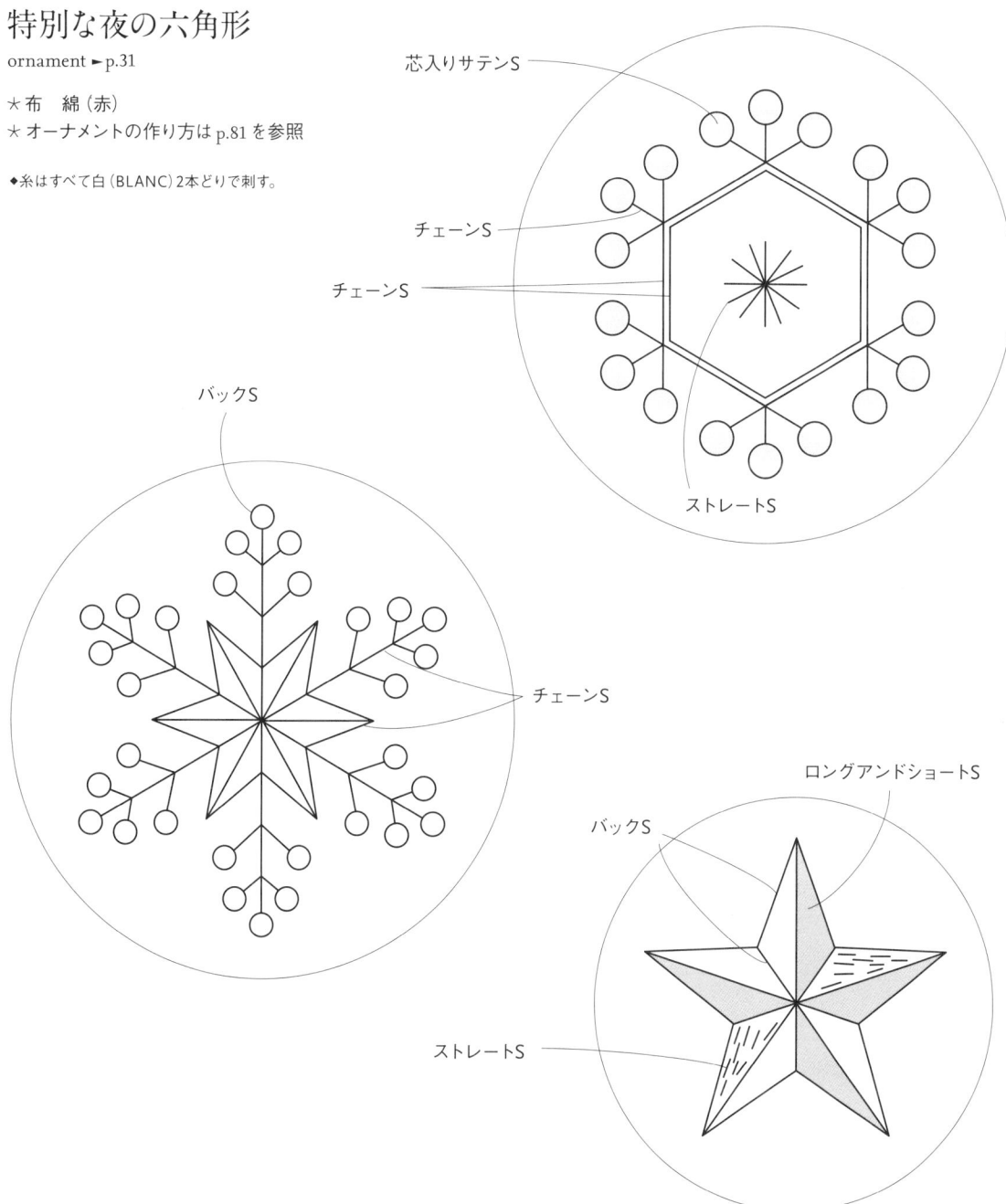

特別な夜の六角形
ornament ▶ p.31

★布　綿（赤）
★オーナメントの作り方は p.81 を参照

◆糸はすべて白（BLANC）2本どりで刺す。

芯入りサテンS

チェーンS

チェーンS

ストレートS

バックS

チェーンS

ロングアンドショートS

バックS

ストレートS

73

宝石
motif ▶ p.32

★布　リネン（生成り）

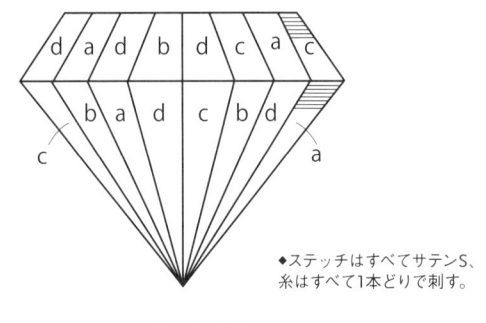

◆ステッチはすべてサテンS、糸はすべて1本どりで刺す。

a＝ラベンダー (209)
b＝薄紫 (210)
c＝薄赤紫 (153)
d＝淡い藤色 (211)

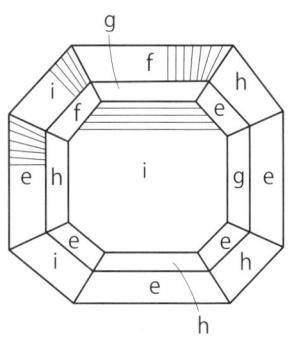

e＝マリンブルー (796)
f＝藍白 (3756)
g＝ベビーブルー (828)
h＝水色 (3761)
i＝パウダーブルー (3841)

鉱物の反射と屈折
bag ▶ p.33

★布　リネン（黒）
★バッグの作り方は p.93を参照

◆糸はすべて白(BLANC)1本どりで刺す。
◆コーチングSは芯糸、押え糸ともに1本どり。

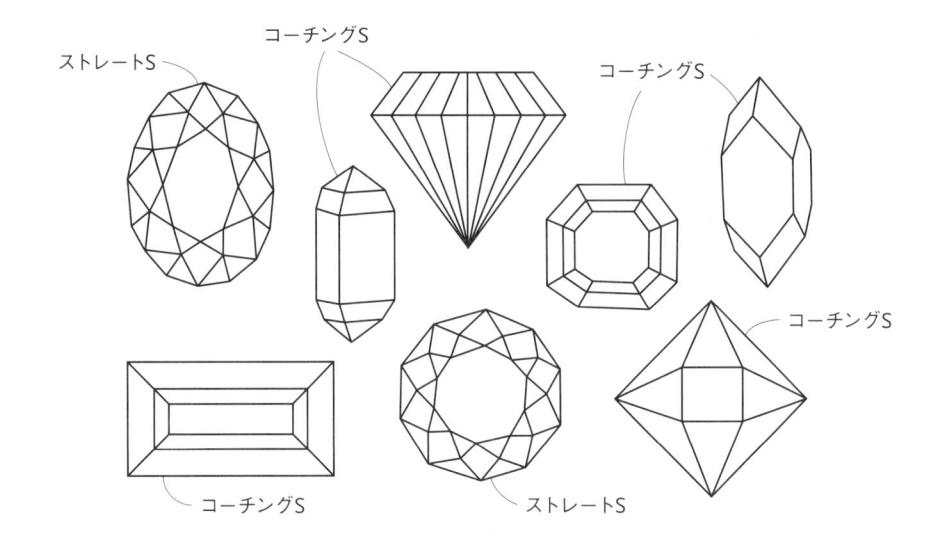

ストレートS
コーチングS
コーチングS
コーチングS
コーチングS
ストレートS

74

王冠
bag ▶ p.34

★布 綿（濃紫）
★バッグの作り方は p.94 を参照

- サテンS ベージュ(738)②
- 芯入りサテンS 赤(816)②
- 芯入りサテンS オフホワイト(712)②
- サテンS ベージュ(738)②
- 芯入りサテンS ベージュ(738)②
- 芯入りサテンS ベージュ(738)②
- 芯入りサテンS グレイッシュピンク(223)②

三つの王冠
motif ▶ p.35

★布 綿（グレイッシュピンク）

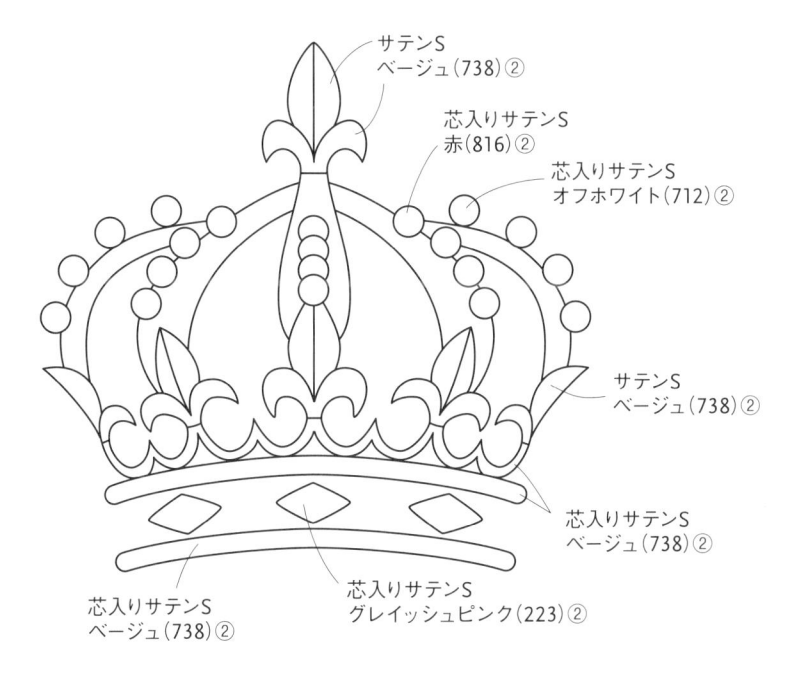

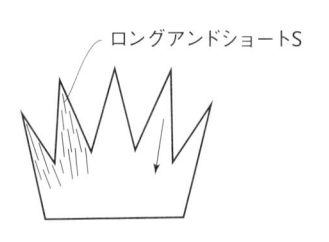

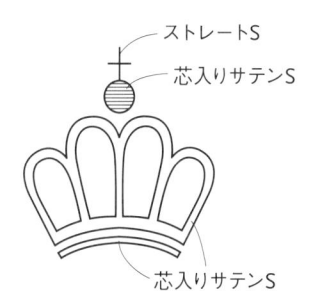

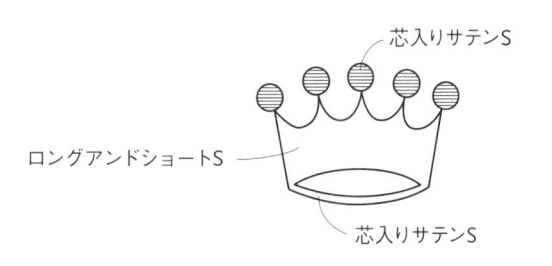

◆糸はすべて金茶(729)2本どりで刺す。

- ロングアンドショートS
- ストレートS
- 芯入りサテンS
- 芯入りサテンS
- 芯入りサテンS
- ロングアンドショートS
- 芯入りサテンS

眠れる森の枠飾り
motif ►p.38

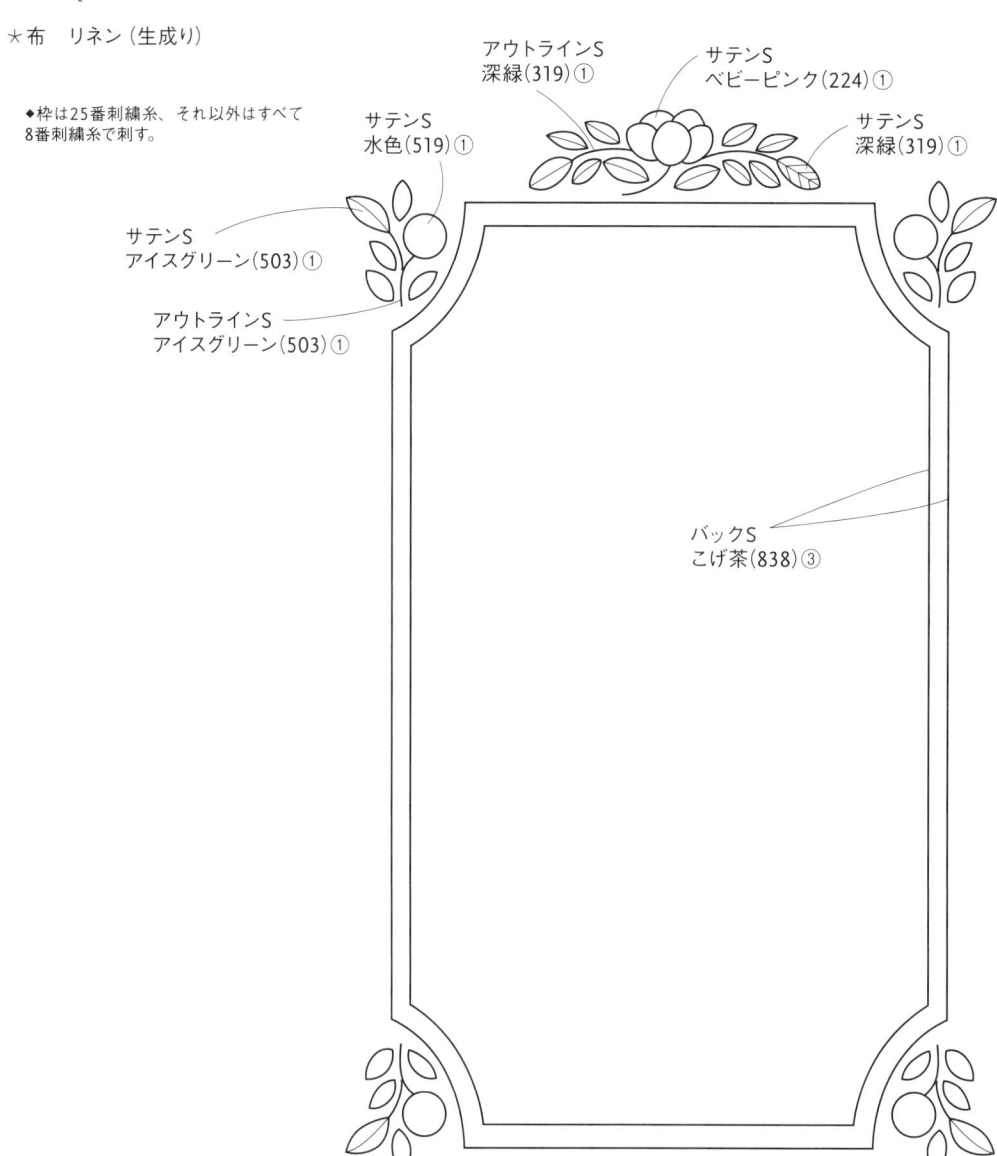

★布　リネン（生成り）

◆枠は25番刺繍糸、それ以外はすべて8番刺繍糸で刺す。

アウトラインS
深緑(319)①

サテンS
ベビーピンク(224)①

サテンS
深緑(319)①

サテンS
水色(519)①

サテンS
アイスグリーン(503)①

アウトラインS
アイスグリーン(503)①

バックS
こげ茶(838)③

眠れる森
bag ▶ p.39

★布 綿（生成り）
★バッグの作り方は p.95 を参照

◆お城はすべて25番刺繡糸で刺す。
◆植物はコーチングSの押え糸以外は8番刺繡糸で刺す。

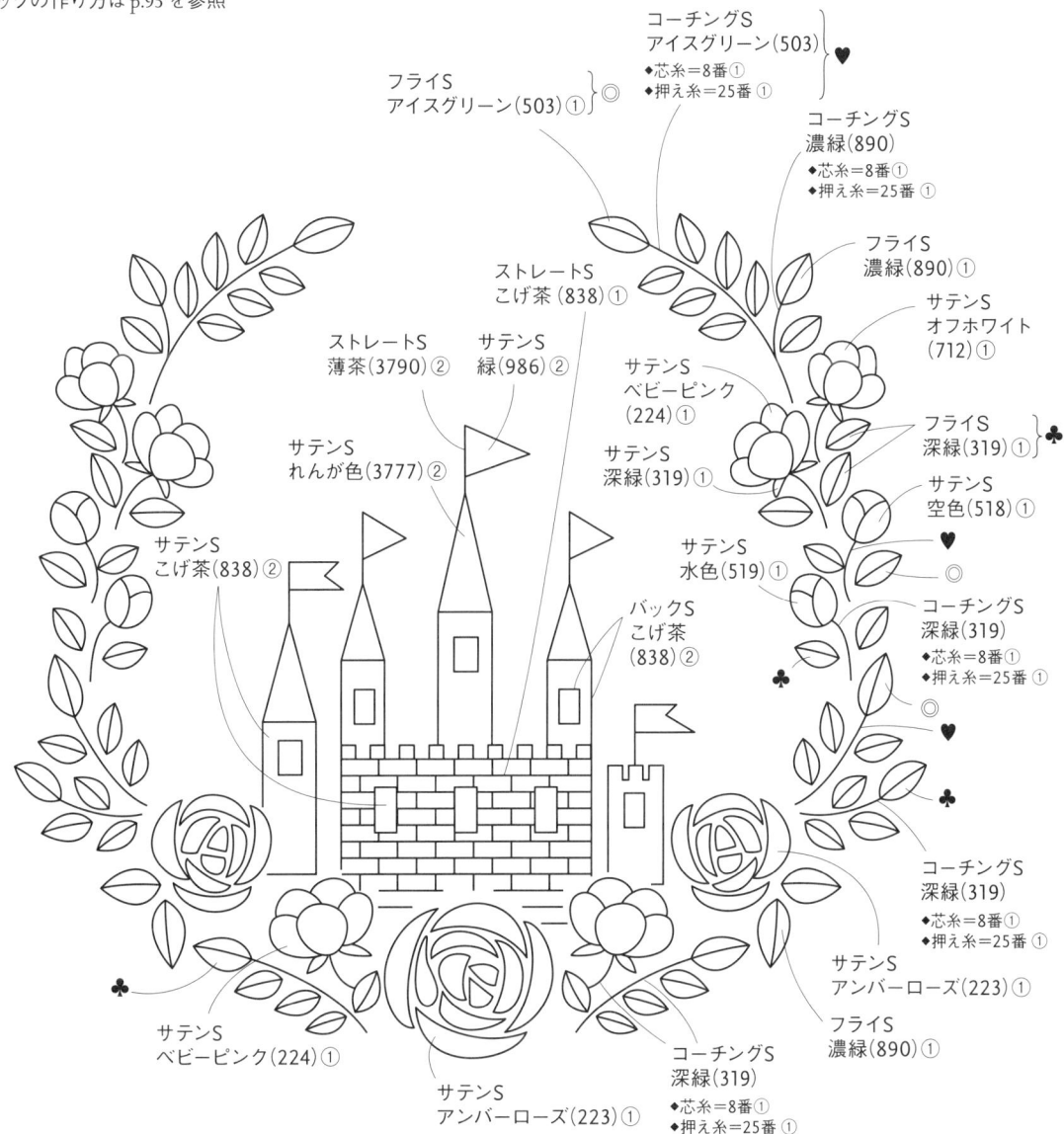

コーチングS
アイスグリーン(503) ♥
◆芯糸＝8番①
◆押え糸＝25番①

フライS
アイスグリーン(503)① ◎

コーチングS
濃緑(890)
◆芯糸＝8番①
◆押え糸＝25番①

ストレートS
こげ茶(838)①

フライS
濃緑(890)①

ストレートS
薄茶(3790)②

サテンS
緑(986)②

サテンS
オフホワイト(712)①

サテンS
れんが色(3777)②

サテンS
ベビーピンク(224)①

フライS
深緑(319)① ♣

サテンS
こげ茶(838)②

サテンS
深緑(319)①

サテンS
空色(518)① ♥

バックS
こげ茶(838)②

サテンS
水色(519)①
◎

コーチングS
深緑(319)
◆芯糸＝8番①
◆押え糸＝25番①
♥
◎
♣

コーチングS
深緑(319)
◆芯糸＝8番①
◆押え糸＝25番①

サテンS
アンバーローズ(223)①

フライS
濃緑(890)①

サテンS
ベビーピンク(224)① ♣

サテンS
アンバーローズ(223)①

コーチングS
深緑(319)
◆芯糸＝8番①
◆押え糸＝25番①

77

猫百態
motif ▶ p.36

★布　リネン（生成り）

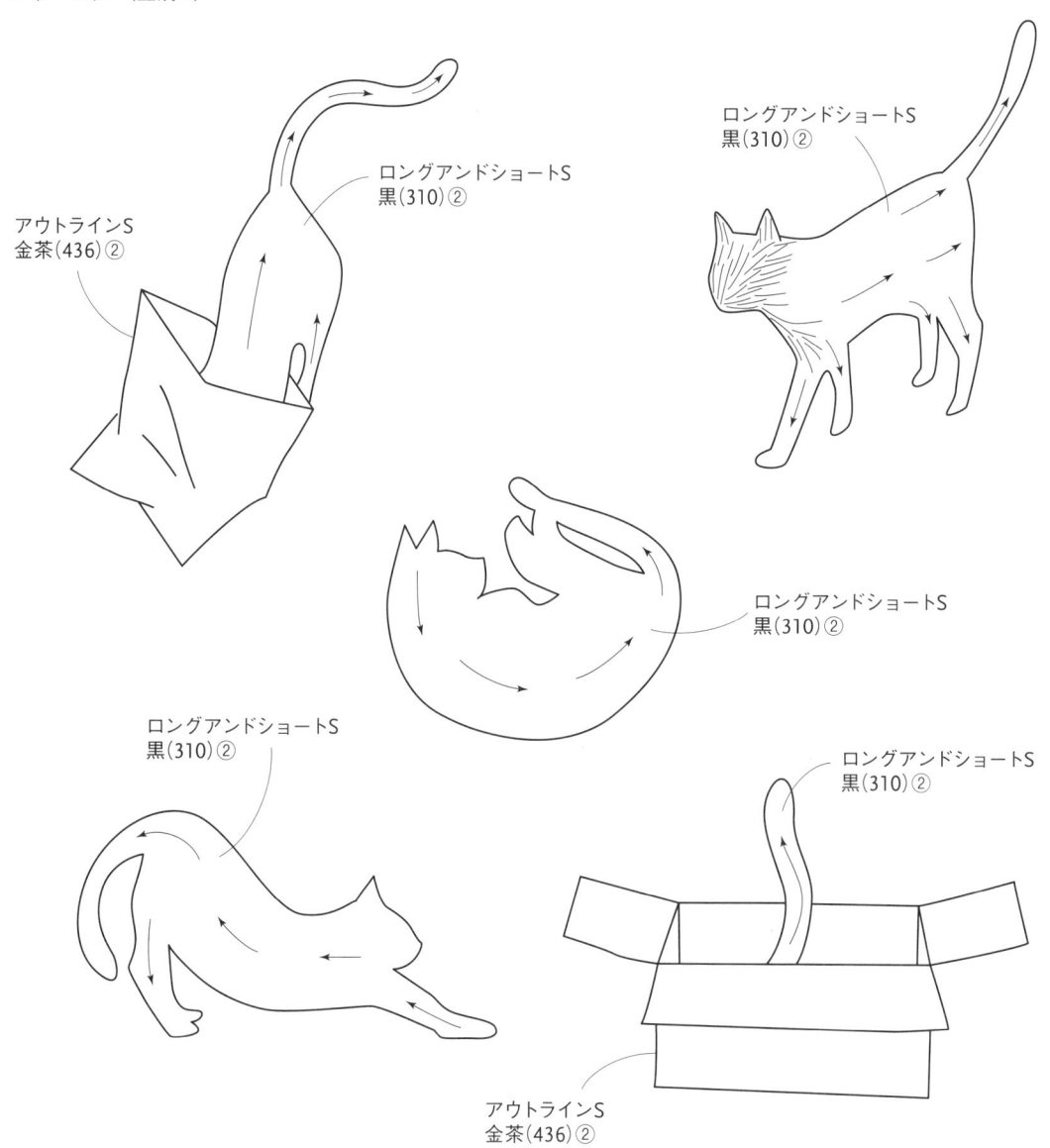

アウトラインS
金茶(436)②

ロングアンドショートS
黒(310)②

ロングアンドショートS
黒(310)②

ロングアンドショートS
黒(310)②

ロングアンドショートS
黒(310)②

ロングアンドショートS
黒(310)②

アウトラインS
金茶(436)②

Brooch

小さな森のカケラ ▶p.6.7 図案 ▶p.58

◆ Size 直径約3cm（本体）

材料
表布　リネン各色　10×10cm
裏布　ネル　各3×3cm
接着芯　10×10cm
ブローチ金具　直径3cm　各1組み
手芸用ボンド

作り方
1　金具の皿の外周サイズにネル生地をカットし、皿に接着する。
2　刺繍した表布を皿の外周に1cmの縫い代をつけてカットする。
3　縫始めと縫終りの糸を5cm程度残して、縫い代中央あたりをぐし縫する。
4　ネル生地をはった皿を入れながら残した2本の糸を引っ張る。
5　裏側を糸でかがりとめ、ブローチ台と接着する。

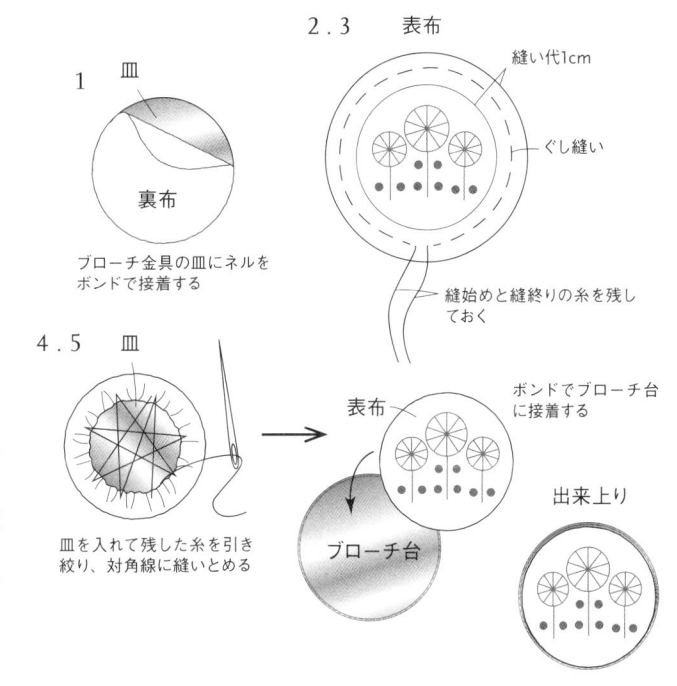

Brooch

のんびり屋の白熊 ▶p.13 図案 ▶p.62
せっかちな狐 ▶p.13 図案 ▶p.62

◆ Size 約8×5cm（本体・白熊）
　　　約11×5.5cm（本体・狐）

材料
表布　リネン（生成り）　各15×15cm
裏布　フェルト（薄茶）　各15×10cm
接着芯　15×15cm
ブローチピン　各1個
厚紙、手芸用ボンド

作り方
1　刺繍した表布とフェルトをカットする。
2　厚紙を図案の内側に納まる大きさにカットする。
3　フェルトにブローチピンを縫いつける。
4　表布、厚紙、フェルトの順に接着する。

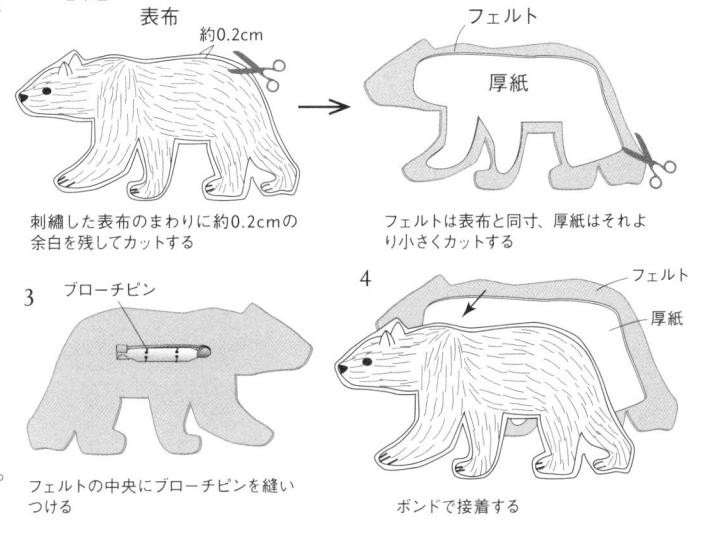

Wappen

色彩の園のパンジー ▶p.20 図案 ▶p.66

◆ Size 約4×4cm

材料
表布　リネン(生成り)　各10×10cm
接着芯　10×10cm
両面接着シート　各5×5cm

作り方
1 刺繍した表布の裏側に両面接着シートをアイロンで接着する。
2 刺繍の周囲を形にそってカットする。

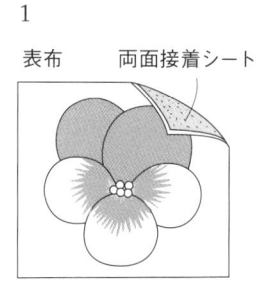

1

表布　両面接着シート

表布の裏に両面接着シートを接着する

2

約0.1cm

刺繍の際をカットする

Handkerchief

舞い降りる花と蕾 ▶p.22 図案 ▶p.69
淑女の薔薇 ▶p.23 図案 ▶p.69

◆ Size 約23×23cm

材料
表布　リネン(白)　各25×25cm

作り方
1 出来上りのサイズ内に刺繍をする。
2 縫い代を三つ折りにし、まつり縫で仕上げる。

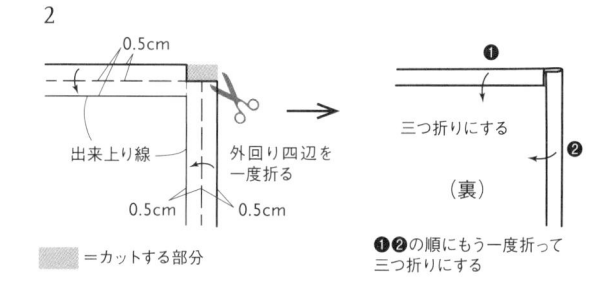

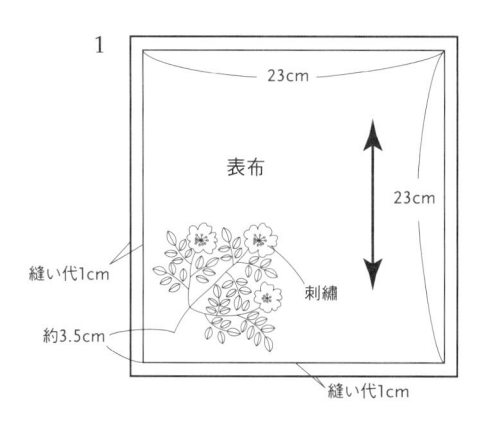

2

0.5cm
出来上り線
外回り四辺を一度折る
0.5cm　0.5cm

▨ =カットする部分

❶ 三つ折りにする
❷
(裏)

❶❷の順にもう一度折って三つ折りにする

1

23cm
表布
23cm
縫い代1cm
約3.5cm
刺繍
縫い代1cm

表にひびかないようにまつる
表布
(裏)

Ornament

特別な夜の六角形 ▶p.31 図案 ▶p.73

◆ Size 大：直径約7.5cm 小：直径約6cm

材料
布（表布・裏布） 綿（赤） 大小ともに各20×10cm
接着芯 20×10cm
ひも（白） 各16cm
手芸用わた

作り方
1 刺繍した表布、裏布をカットする。
2 裏布の表側にひもを二つ折りにして縫いとめる。
3 2枚を中表に合わせて返し口を残して縫う。
4 返し口から表に返し、綿を詰めてから返し口を縫い閉じる。

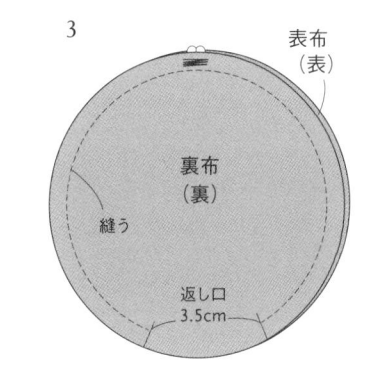

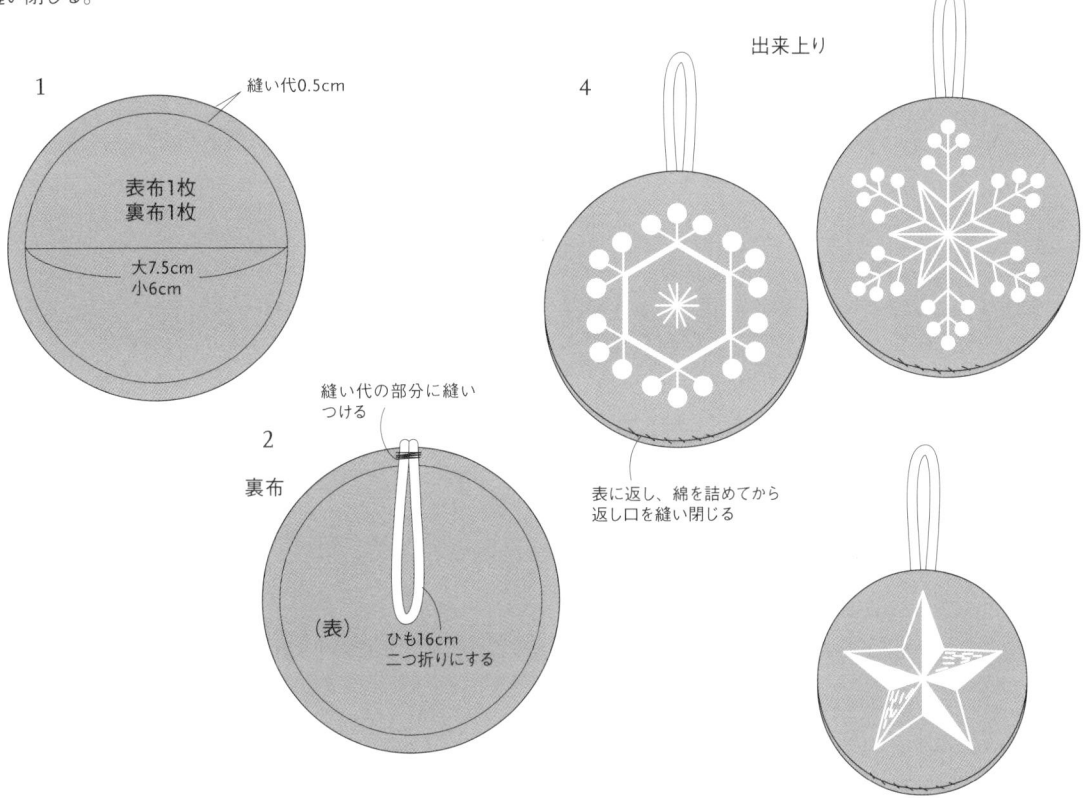

1
縫い代0.5cm
表布1枚
裏布1枚
大7.5cm
小6cm

2 裏布
縫い代の部分に縫いつける
（表）
ひも16cm
二つ折りにする

3
表布（表）
裏布（裏）
縫う
返し口 3.5cm

4
表に返し、綿を詰めてから返し口を縫い閉じる

出来上り

Pin cushion

夜の木 ▶p.15 図案▶p.64

◆ Size 約9×9cm

材料
表布　綿(黒)　15×25cm
手芸用わた

作り方
1 刺繍した表布を中表に二つ折りにして返し口を残して縫う。
2 表に返してわたを詰め、返し口を縫い閉じる。

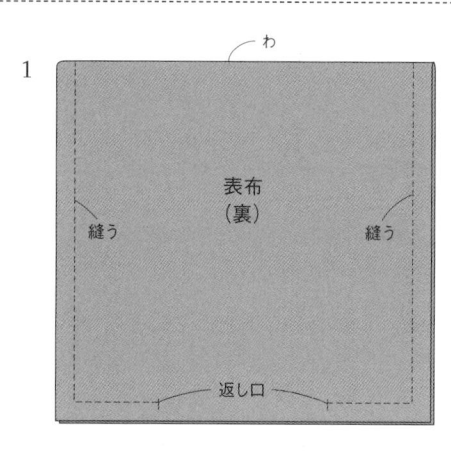

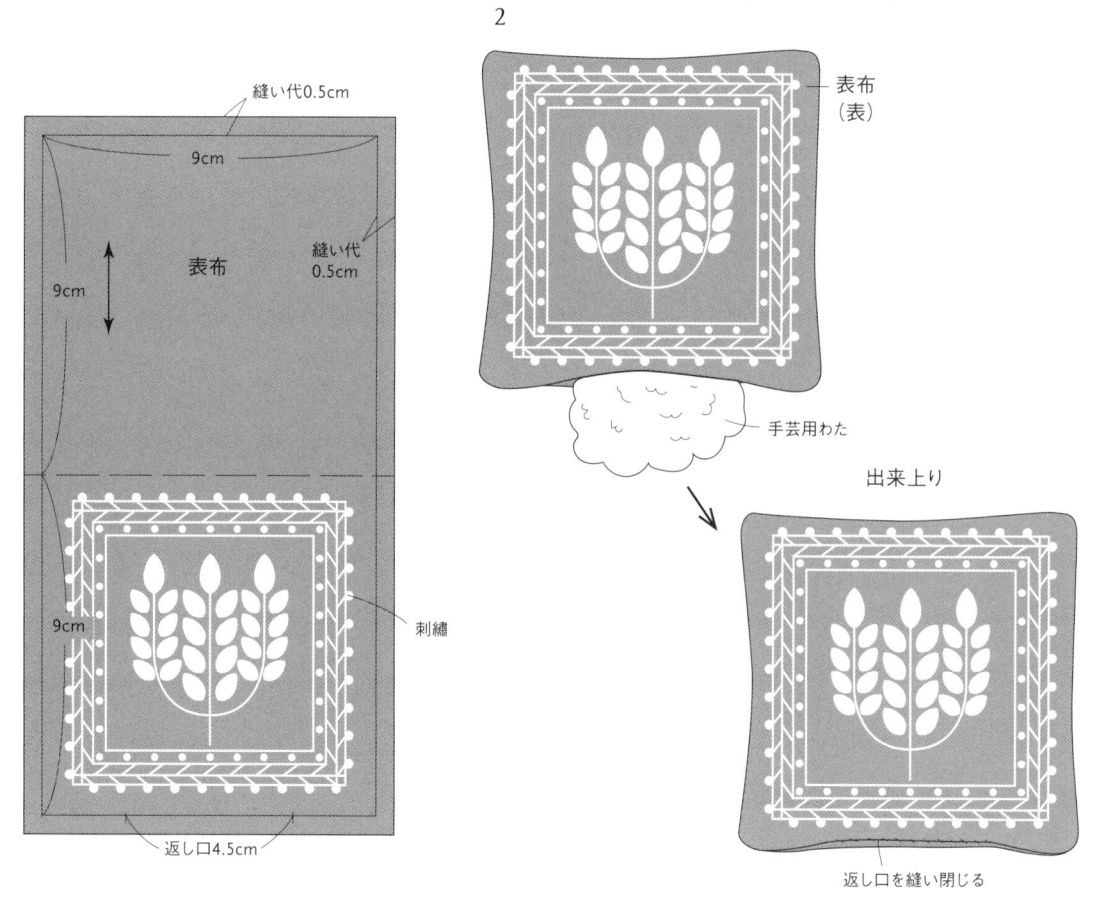

Mini case

おみなえし　▶p.19　図案 ▶p.66

✦ Size 幅約8.5 深さ約3.5cm

材料
表布　綿(生成り、青緑)　各15×10cm
裏布　ビニールコーティングの布　各15×10cm
台紙　各10×10cm(名刺くらいの厚さのもの)
口金　8.5cm幅　各1個
紙ひも　各25cm
手芸用ボンド

作り方
1 刺繍した表布、裏布を型紙どおりにカットする。台紙は型紙の点線の大きさにカットする。
2 裏布の裏に台紙をボンドで接着し、折り代を折り込む。
3 折り代を内側に折り込んだ表布と裏布を外表にボンドで接着する。
4 口金をはめて仕上げる。
＊ミニケースは印鑑やアクセサリー入れに。

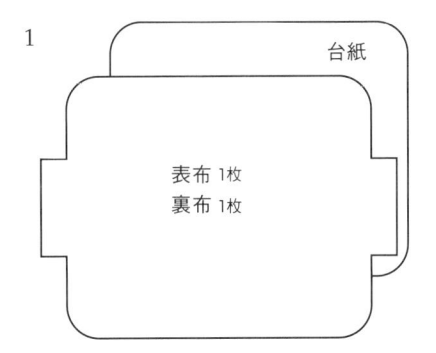

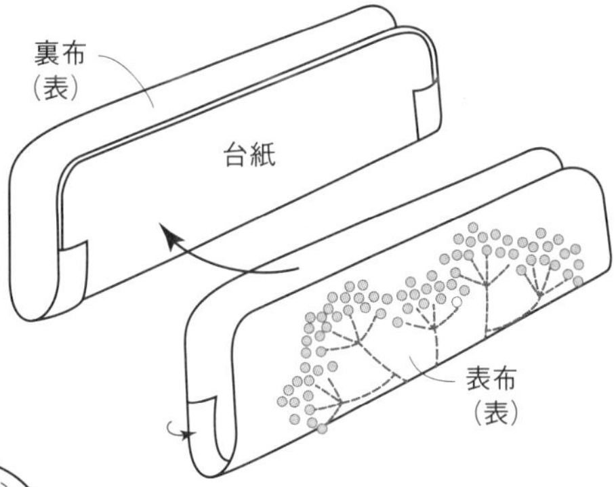

実物大型紙　表布・裏布 各1枚　台紙 各1枚

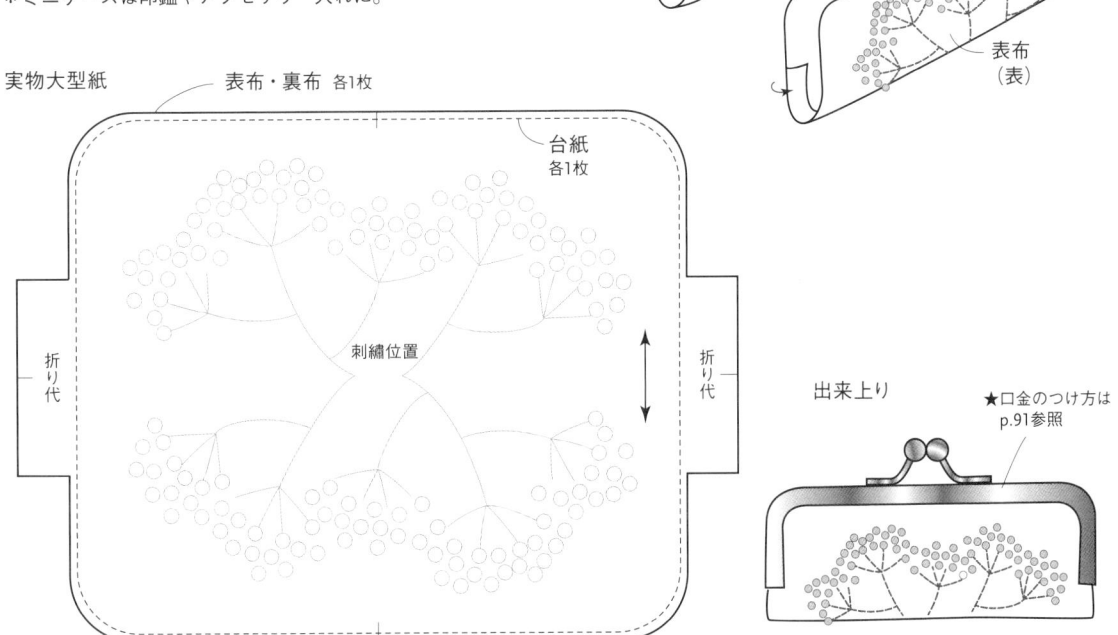

Bag

寓話の森 ►p.9 図案 ►p.59

◆ Size 幅36cm 深さ20cm(持ち手を除く)

材料
表布　リネン(生成り)　80×35cm
裏布　綿(ベージュ)　80×25cm
接着芯　80×35cm
木の持ち手　21×10cm　1組み

作り方
1　表布と裏布を中表に重ねて口側を縫い、縫い代を割る。
2　表布の持ち手通し口の縫い代を裏側に折り込みステッチをかける。
3　持ち手を通して通し口を半分に折りステッチをかける。
4　本体を中表に合わせて、表布はあき止りからあき止りまでを、裏布は底の返し口を残して脇を縫う。
5　返し口から表に返し、返し口を縫い閉じる。
6　あき止り部分はそれぞれ裏側に折り込み、まつりつける。

表布 2枚 (うち1枚に刺繍する)　縫い代 周囲に1cm
36cm　折り山　5cm　持ち手通し口　5cm
30cm　5.5cm　あき止り
刺繍位置　約6.5cm　14.5cm
約3.5cm

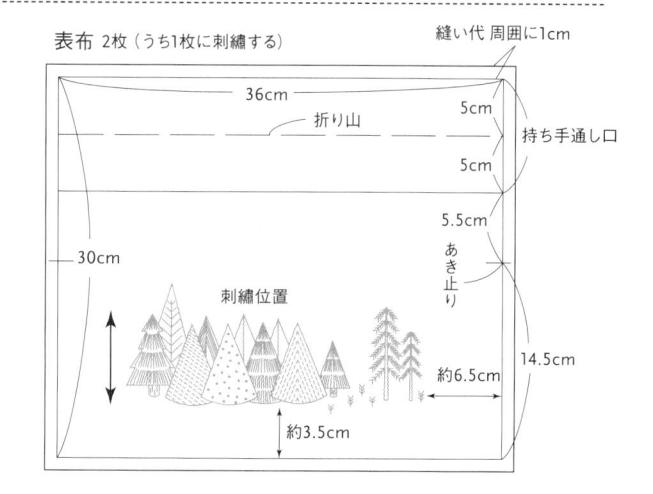

裏布 2枚　縫い代 周囲に1cm
36cm　5.5cm　あき止り
20cm　14.5cm
返し口 約21cm

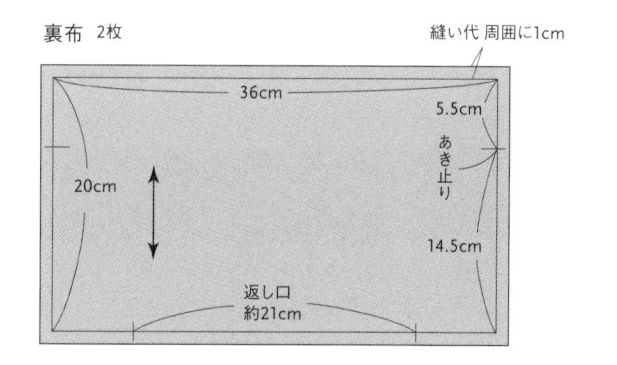

1
裏布(表)
縫い代を割る
縫う
表布(表)

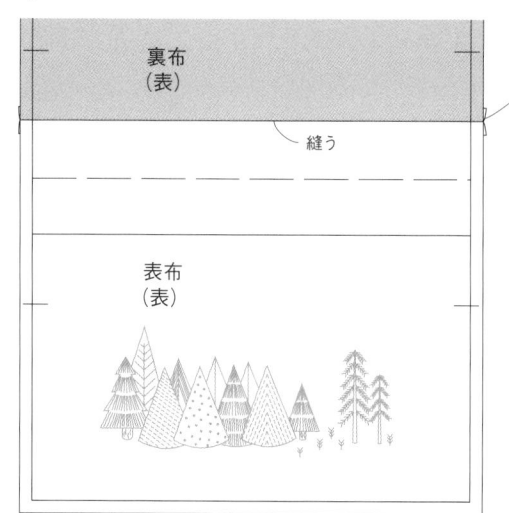

2

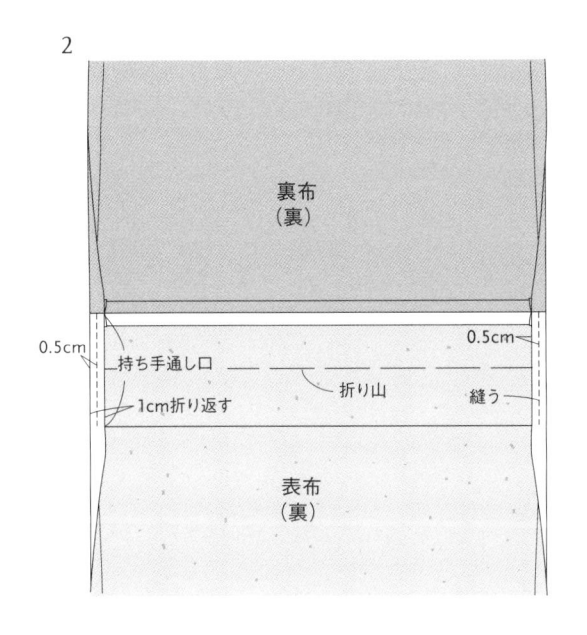

裏布（裏）

0.5cm 持ち手通し口 0.5cm
1cm折り返す 折り山 縫う

表布（裏）

4

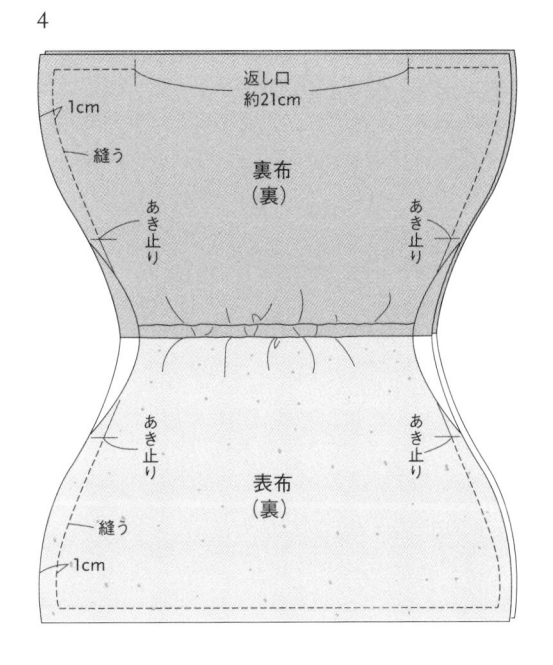

返し口 約21cm
1cm
縫う
裏布（裏）
あき止り あき止り

あき止り あき止り
表布（裏）
縫う
1cm

3

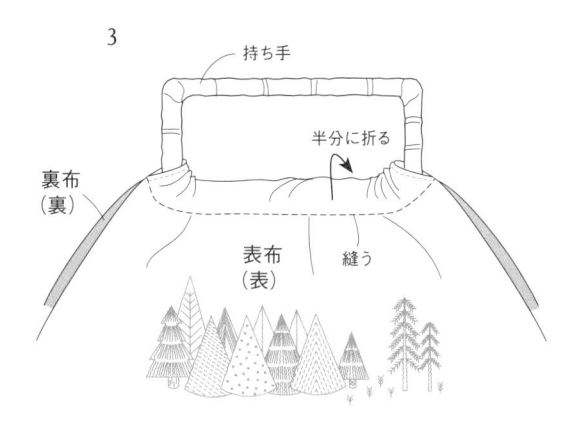

持ち手
裏布（裏）
半分に折る
表布（表）
縫う

6

出来上り
まつる

Bag

雪降り積もる森 ▶p.10 図案 ▶p.60
空を羽ばたく鳥の群れ ▶p.10 図案 ▶p.61

✦ Size 幅19cm 深さ22cm（持ち手を除く）

材料
表布　綿（黒・青緑）　各35×50cm
裏布　綿（ストライプ）　各25×50cm
接着芯　25×50cm

作り方
1 持ち手を作る。
2 表布の持ち手つけ位置に持ち手を仮どめする。
3 表布と裏布を中表に合わせて袋口を縫う。
4 表布、裏布をそれぞれ袋状にしてから裏布は返し口を残して両脇を縫う。
5 返し口から表に返し、返し口を縫い閉じる。
6 裏袋を表袋に入れて形を整える。
7 袋口にステッチをかけ仕上げる。

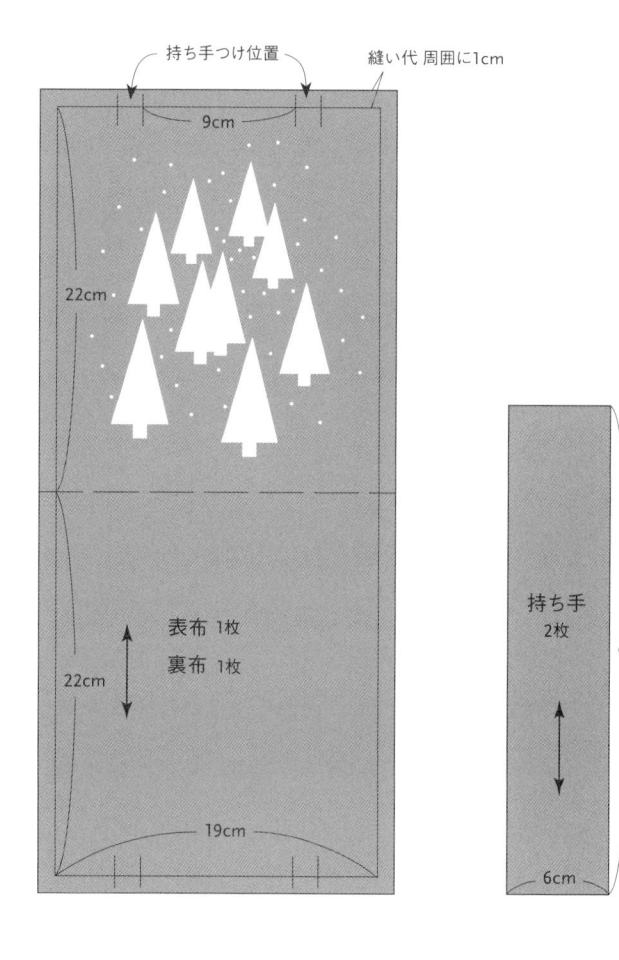

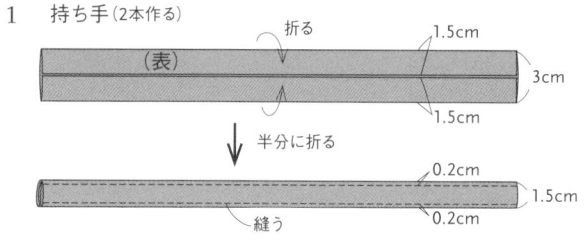

2

0.5cm　　0.5cm
縫う
持ち手
表布（表）

4

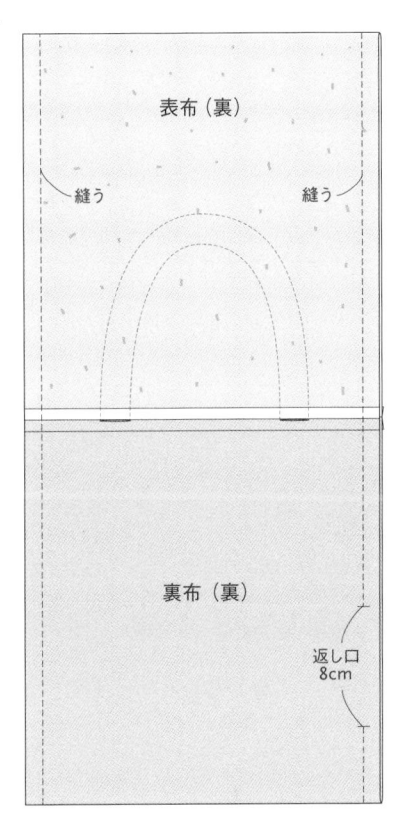

表布（裏）
縫う　　縫う
裏布（裏）
返し口 8cm

7
出来上り

ステッチ 0.2cm

0.2cm

87

Bag

お行儀の良い赤い花 ▶p.25 図案 ▶p.68

✤ Size 幅35cm 深さ26.5cm（持ち手を除く）

材料
表布　綿（濃茶）　75×30cm
裏布　綿（薄茶）　75×30cm
接着芯　75×30cm
木の持ち手　18×13.5cm　1組み

作り方
1　表布と裏布を中表に重ねて口側を縫い、縫い代を割る。
2　持ち手通し位置の縫い代を裏側に折り込み、0.5cmのところにステッチをかける。
3　持ち手を通してステッチ位置を縫う。
4　本体を中表に合わせて、表布はあき止りからあき止りまでを、裏布は底の返し口を残して脇を縫う。
5　返し口から表に返し、返し口を縫い閉じる。
6　あき止り部分はそれぞれ裏側に折り込み、まつりつける。

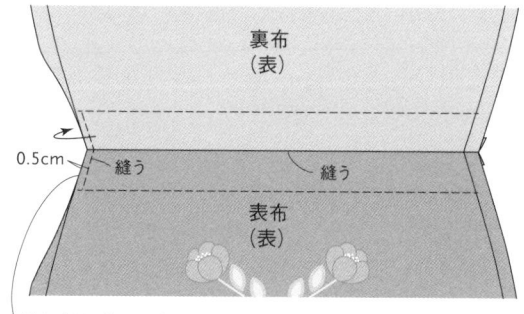

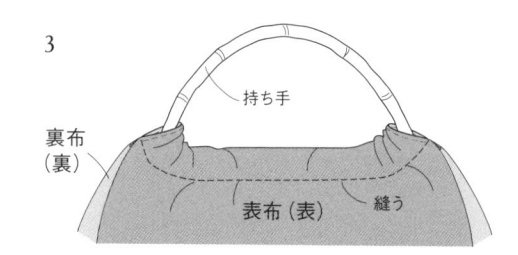

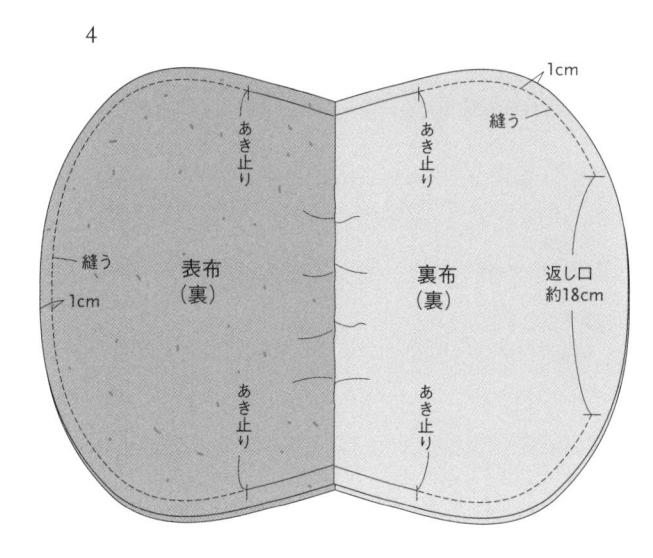

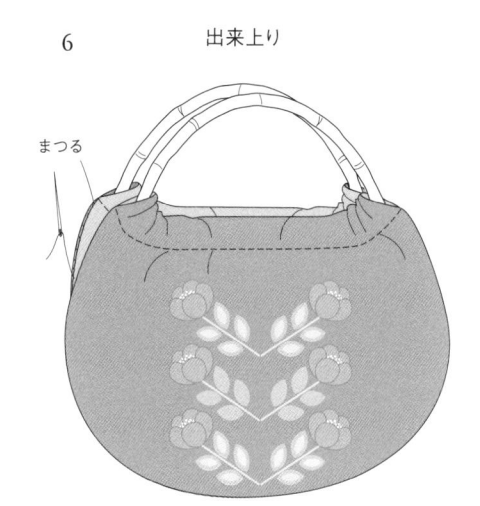

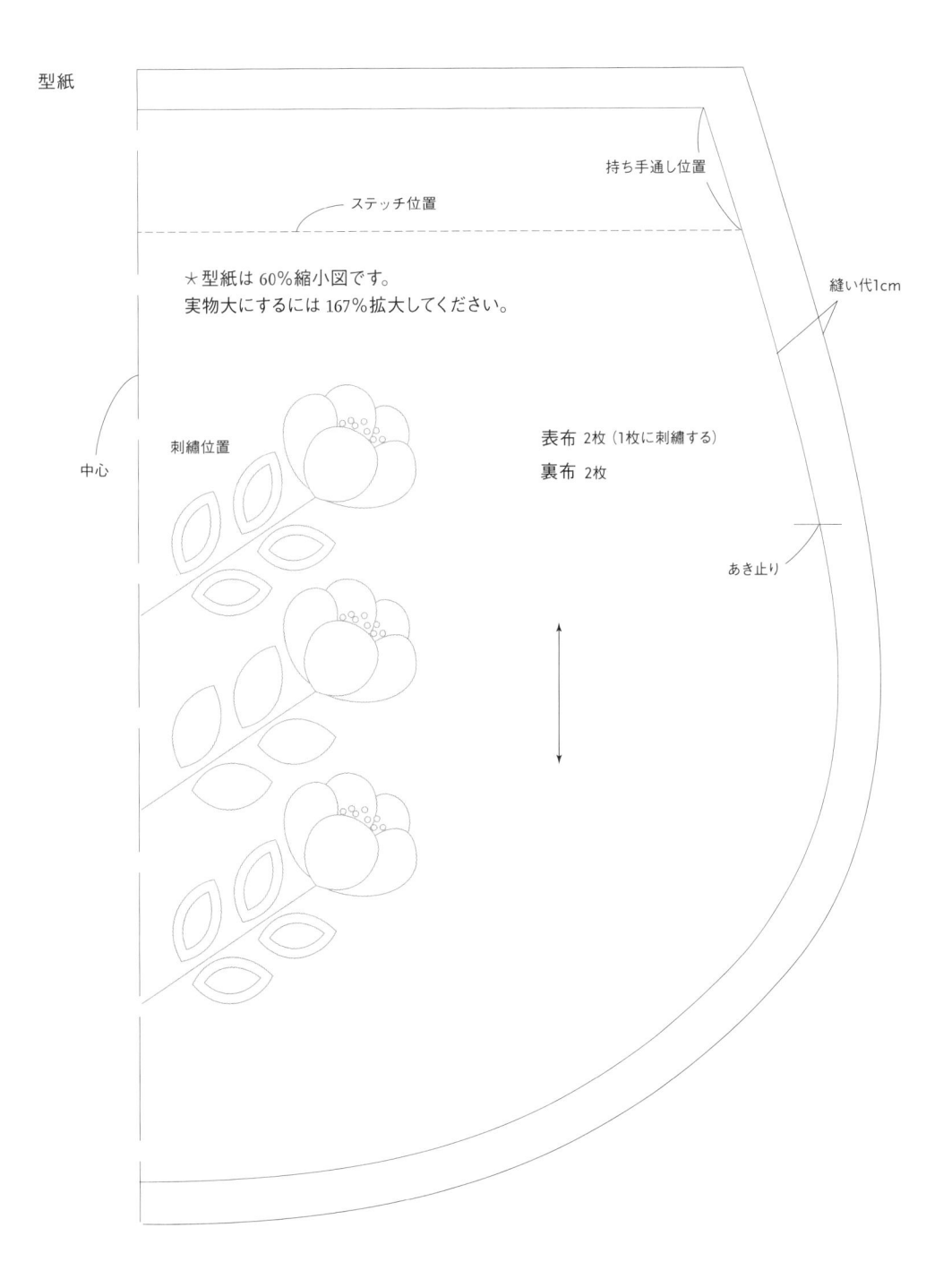

型紙

ステッチ位置

持ち手通し位置

縫い代1cm

★型紙は60％縮小図です。
実物大にするには167％拡大してください。

中心

刺繡位置

表布 2枚（1枚に刺繡する）
裏布 2枚

あき止り

Bag

白鳥の湖 ▶p.14 図案 ▶p.63

◆ Size 幅20cm 深さ17.5cm（口金を除く）

材料
表布　リネン（黒）　45×25cm
裏布　綿（グレー）　45×25cm
接着芯　45×25cm
口金　18cm幅　1個
紙ひも　約52cm
手芸用ボンド

作り方
1　表布、裏布それぞれを中表に合わせ、あき止りまでを縫い合わせる。
2　表布と裏布を中表に合わせて口側を縫う。このとき、片方の口側は返し口を残して縫う。
3　返し口から表に返し、口側の周囲にステッチをかける。
4　口金をつけて仕上げる。

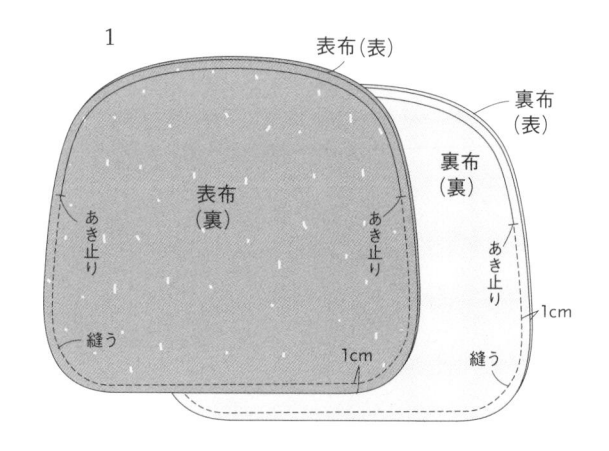

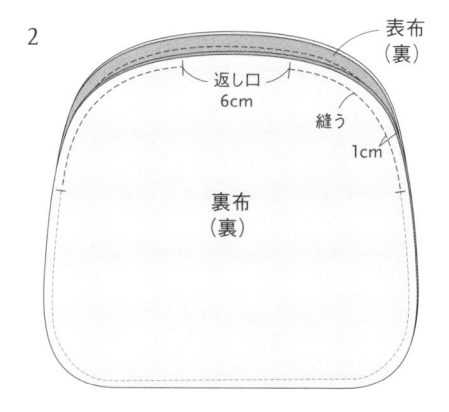

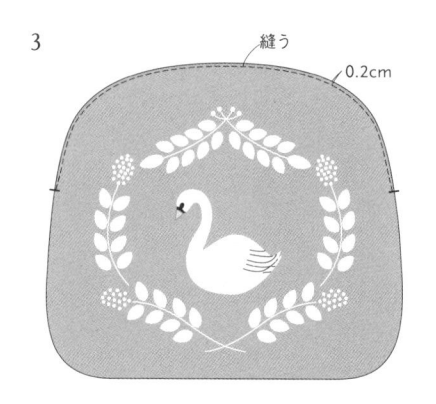

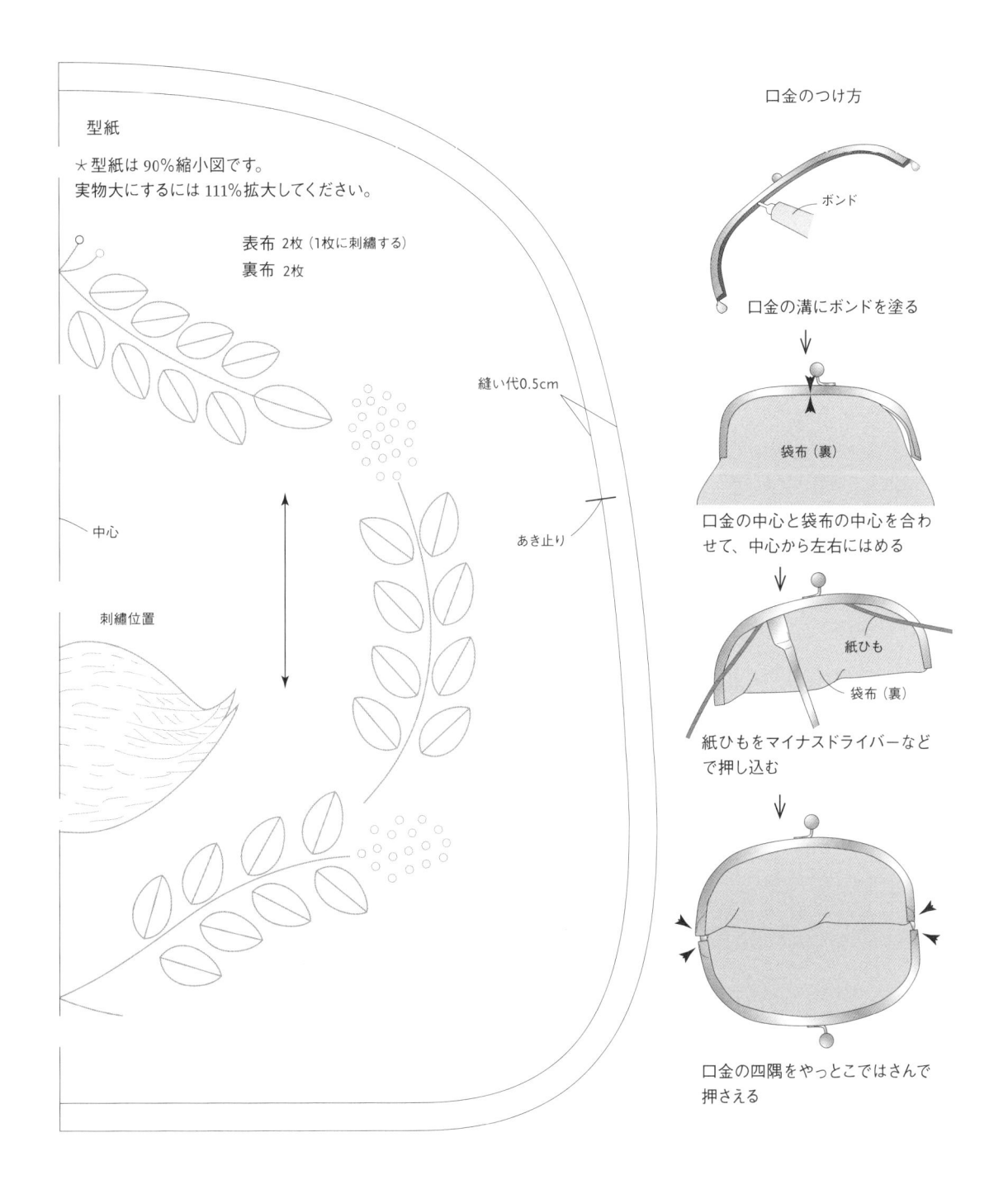

型紙

★型紙は90%縮小図です。
実物大にするには111%拡大してください。

表布 2枚（1枚に刺繡する）
裏布 2枚

縫い代0.5cm

あき止り

中心

刺繡位置

口金のつけ方

ボンド

口金の溝にボンドを塗る

袋布（裏）

口金の中心と袋布の中心を合わせて、中心から左右にはめる

紙ひも
袋布（裏）

紙ひもをマイナスドライバーなどで押し込む

口金の四隅をやっとこではさんで押さえる

Bag

秘密の扉を開く金色の鍵 ▶p.28 図案 ▶p.71
秘密の鍵穴 ▶p.29 図案 ▶p.71

✦ Size 幅19cm 深さ16cm（口金を除く）

材料

表布　リネン（生成り）　45×20cm
裏布　綿（生成り）　45×20cm
接着芯　45×20cm
口金　14.5cm幅　1個
紙ひも　約42cm
手芸用ボンド

作り方

1　表布、裏布のダーツを縫う。
2　表布、裏布それぞれを中表に合わせ、あき止りまでを縫い合わせる。
3　表布と裏布を中表に合わせて口側を縫う。このとき、片方の口側は返し口を残して縫う。
4　返し口から表に返し、口側の周囲にステッチをかける。
5　口金をつけて仕上げる。
＊仕立て方はp.90参照。

型紙

★型紙は75%縮小図です。
実物大にするには133%拡大してください。

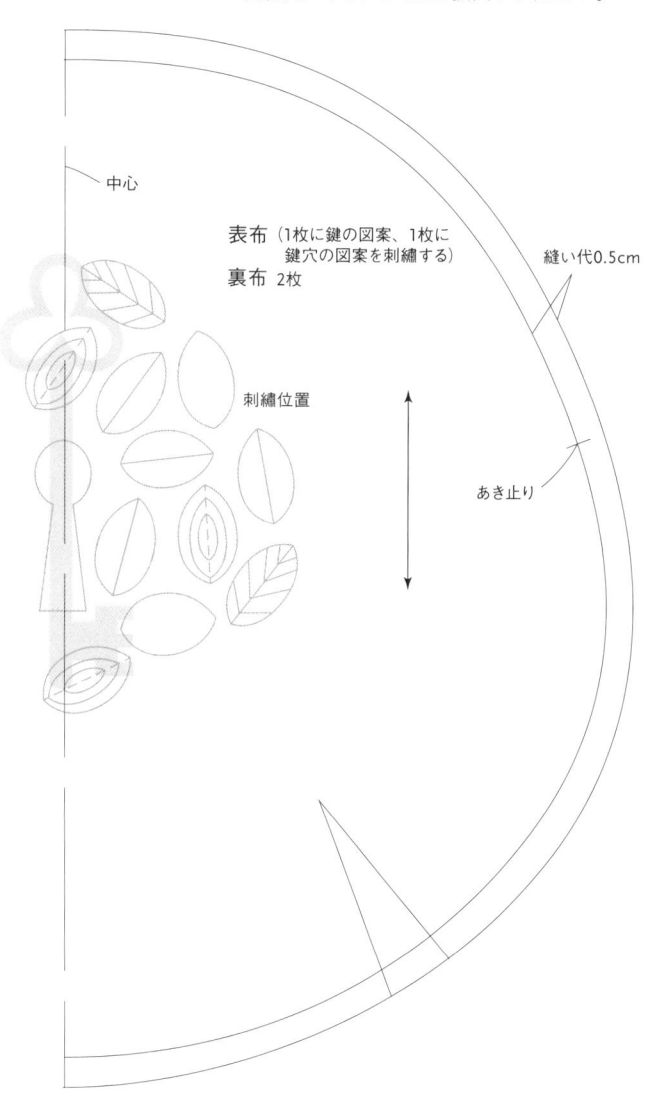

中心

表布（1枚に鍵の図案、1枚に鍵穴の図案を刺繍する）
裏布　2枚

縫い代0.5cm

刺繍位置

あき止り

Bag

鉱物の反射と屈折 ►p.33 図案 ►p.74

◆ Size 幅19cm 深さ10cm（口金を除く）

材料
表布　リネン（黒）　25×25cm
裏布　綿（グレー）　25×25cm
接着芯　25×25cm
口金　15cm幅　1個
紙ひも　約48cm
手芸用ボンド

作り方
1　表布、裏布それぞれを中表に合わせ、脇を縫い合わせ、底のまちを縫う。
2　表布と裏布を中表に合わせて口側を縫う。このとき、片方の口側は返し口を残して縫う。
3　返し口から表に返し、口側の周囲にステッチをかける。
4　口金をつけて仕上げる。
＊仕立て方はp.90参照。

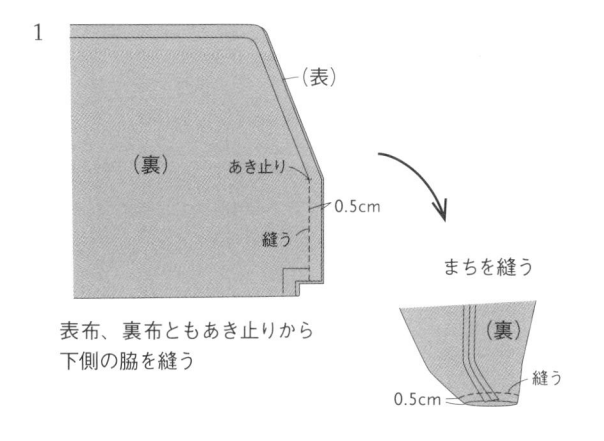

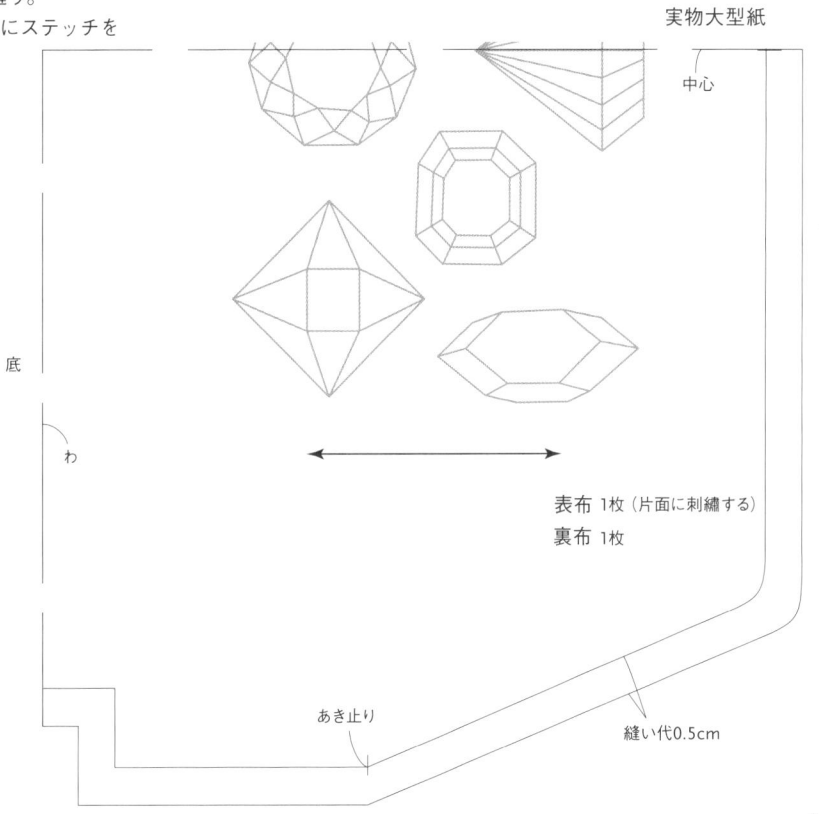

Bag

王冠 ▶p.34 図案 ▶p.75

◆ Size 幅24cm 深さ14cm（口金を除く）

材料
表布　綿（濃紫）　55×20cm
裏布　綿（グレー）　55×20cm
接着芯　55×20cm
口金　18cm幅　1個
紙ひも　約54cm
手芸用ボンド

作り方
1　表布、裏布のダーツを縫う。
2　表布、裏布それぞれを中表に合わせ、あき止りまでを縫い合わせる。
3　表布と裏布を中表に合わせて口側を縫う。このとき、片方の口側は返し口を残して縫う。
4　返し口から表に返し、口側の周囲にステッチをかける。
5　口金をつけて仕上げる。
＊仕立て方はp.90参照。

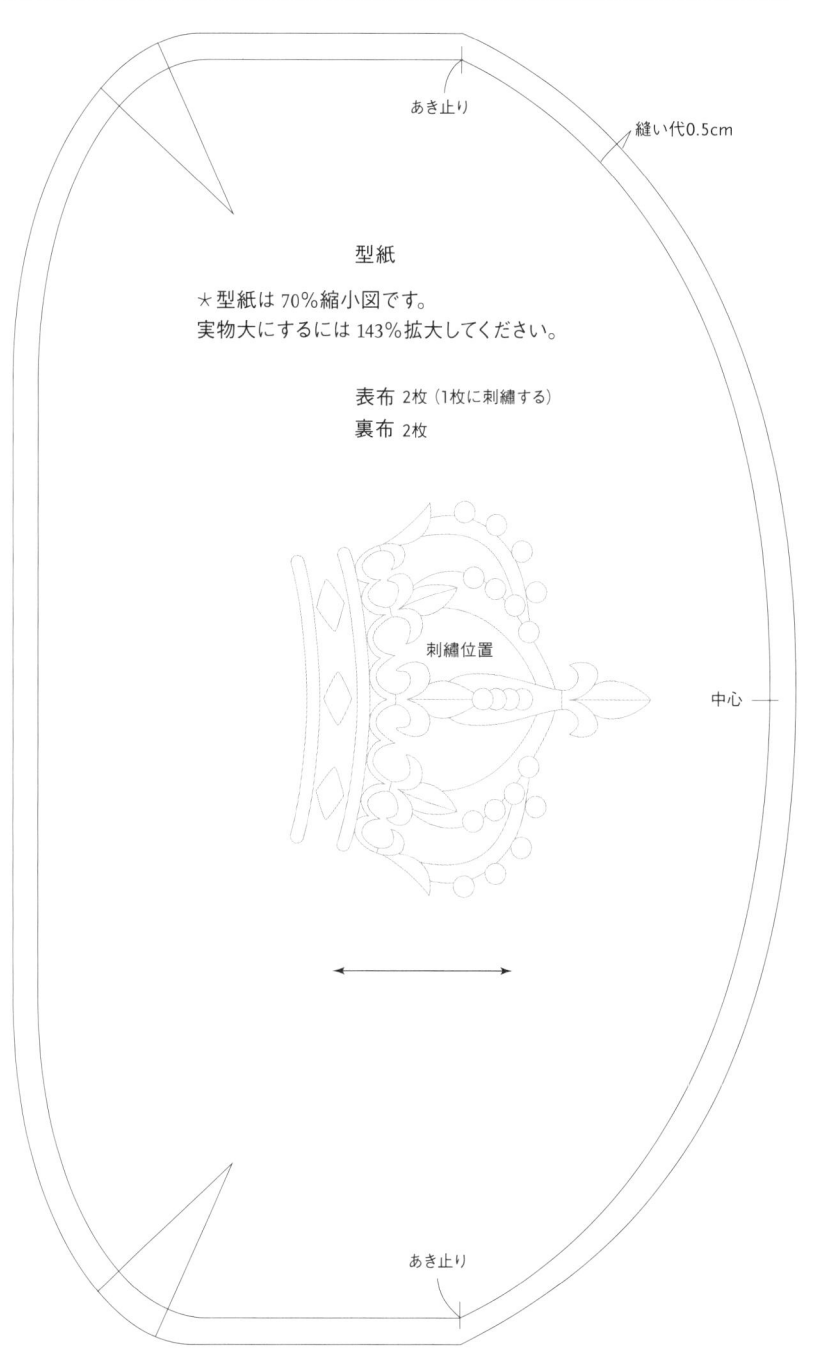

あき止り

縫い代0.5cm

型紙

★型紙は70％縮小図です。
実物大にするには143％拡大してください。

表布　2枚（1枚に刺繡する）
裏布　2枚

刺繡位置

中心

あき止り

Bag

眠れる森 ▶p.39 図案 ▶p.77

◆ Size 幅19cm 深さ18.5cm（口金を除く）

材料
表布　綿（生成り）　25×45cm
裏布　綿（薄赤茶）　25×45cm
接着芯　25×45cm
口金　15.5cm幅　1個
紙ひも　約50cm
手芸用ボンド

作り方
1　表布、裏布それぞれを中表に合わせ、あき止りまでを縫い合わせ、底のまちを縫う（p.93参照）。
2　表布と裏布を中表に合わせて口側を縫う。このとき、片方の口側は返し口を残して縫う。
3　返し口から表に返し、口側の周囲にステッチをかける。
4　口金をつけて仕上げる。
＊仕立て方はp.90参照。

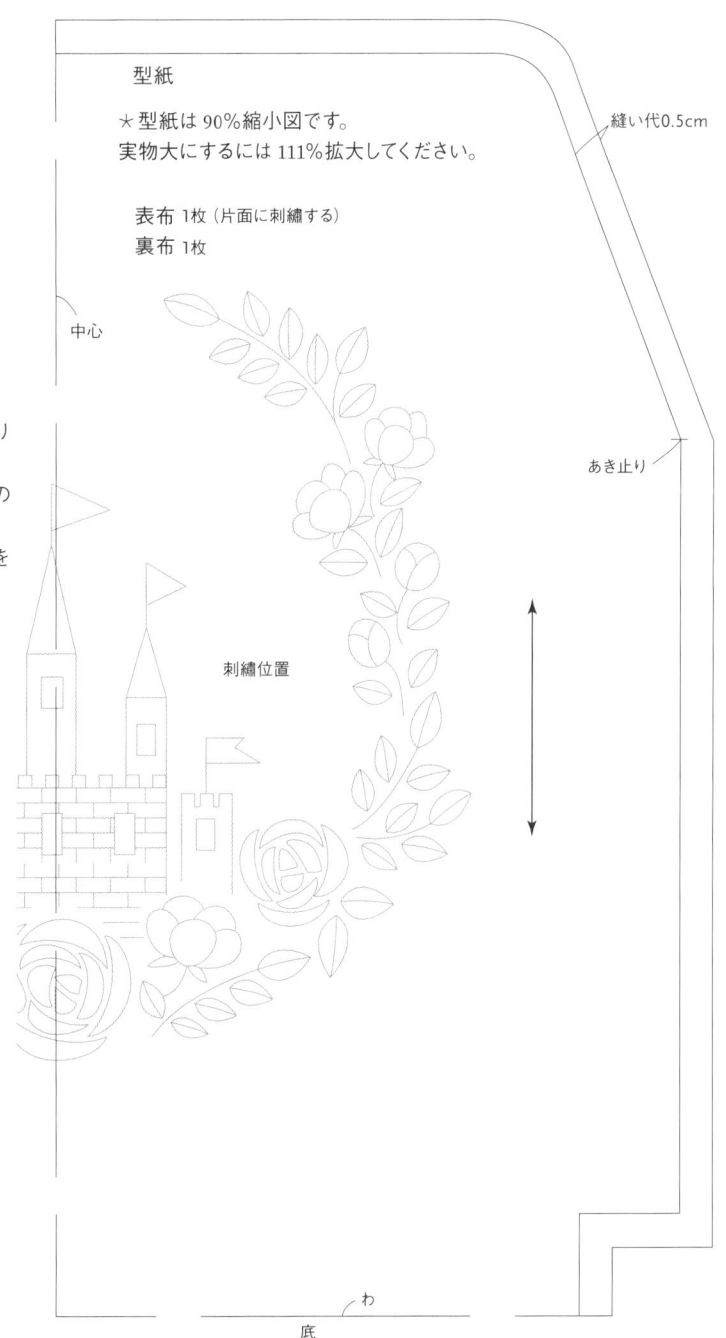

型紙

★型紙は90%縮小図です。
実物大にするには111%拡大してください。

表布 1枚（片面に刺繍する）
裏布 1枚

縫い代0.5cm

中心

あき止り

刺繍位置

わ

底

浅賀菜緒子 Naoko Asaga
刺繡作家。
神奈川県横浜市在住。
服飾専門学校を経て、呉服店勤務時に日本刺繡を習得。
現在は自身のアトリエやカルチャースクールで
フランス刺繡と日本刺繡の教室を開催するほか、
企画展に参加したり、美術館でのワークショップなど幅広く活動している。
物語や自然からインスピレーションを得た雰囲気のあるモチーフ、
美しい風合いの繊細な刺繡には定評があり、
雑誌や広告のための作品製作も多く手掛けている。
Pontomarie Grenier　http://pontomarie.petit.cc/

ブックデザイン　縄田智子　L'espace
撮影　三木麻奈
　　　安田如水（文化出版局　p.40〜48）
作り方解説、トレース　西田千尋　安藤能子（fève et fève）
校閲　堀口惠美子
編集　小山内真紀
　　　大沢洋子（文化出版局）

刺繡糸提供
ディー・エム・シー
東京都千代田区神田紺屋町13番地 山東ビル7F
TEL 03-5296-7831
http://www.dmc.com（グローバルサイト）
http://www.dmc-kk.com（WEBカタログ）

物語からうまれた刺繡と
ノスタルジックな布小物

2015年7月19日　第1刷発行

著　者　浅賀菜緒子
発行者　大沼　淳
発行所　学校法人文化学園 文化出版局
　　　　〒151-8524 東京都渋谷区代々木3-22-1
　　　　電話 03-3299-2489（編集）
　　　　　　 03-3299-2540（営業）
印刷・製本所　株式会社文化カラー印刷

©Naoko Asaga 2015　Printed in Japan
本書の写真、カット及び内容の無断転載を禁じます。

・本書のコピー、スキャン、デジタル化等の無断複製は著作権法上での例外を除き、禁じられています。
本書を代行業者等の第三者に依頼してスキャンやデジタル化することは、たとえ個人や家庭内での利用でも著作権法違反になります。
・本書で紹介した作品の全部または一部を商品化、複製頒布、及びコンクールなどの応募作品として出品することは禁じられています。
・撮影状況や印刷により、作品の色は実物と多少異なる場合があります。ご了承ください。

文化出版局のホームページ　http://books.bunka.ac.jp/